HENRI BERGERON

Sociologia da Droga

EDITORA
IDÉIAS &
LETRAS

DIRETOR EDITORIAL:
MARCELO C. ARAÚJO

COPIDESQUE:
CAMILA DE CASTRO SANCHES DOS SANTOS

EDITOR:
MÁRCIO FABRI DOS ANJOS

REVISÃO:
LESSANDRA MUNIZ DE CARVALHO

COORDENAÇÃO EDITORIAL:
ANA LÚCIA DE CASTRO LEITE

DIAGRAMAÇÃO:
JUNIOR SANTOS

TRADUÇÃO:
TIAGO JOSÉ RISI LEME

CAPA:
ALFREDO CASTILLO

Título original: *Sociologie de la drogue*
© Éditions La Découverte s. a.
9 bis, rue Abel Hovelacque, 75013 Paris - France
ISBN 978-2-7071-3869-9

Todos os direitos em língua portuguesa, para o Brasil,
reservados à Editora Idéias & Letras, 2012

Editora Idéias & Letras
Rua Pe. Claro Monteiro, 342 – Centro
12570-000 – Aparecida-SP
Tel. (12) 3104-2000 – Fax (12) 3104-2036
Televendas: 0800 16 00 04
vendas@ideiaseletras.com.br
http//www.ideiaseletras.com.br

Dados Internacionais de Catalogação na Publicação (CIP)
(Câmara Brasileira do Livro, SP, Brasil)

Bergeron, Henri
  Sociologia da droga/ Henri Bergeron; [tradução Tiago José Risi Leme]. - Aparecida, SP: Idéias & Letras, 2012.

  Título original: Sociologie de la drogue.

  Bibliografia.
  ISBN 978-85-7698-137-4

  1. Drogas - Aspectos sociais 2. Toxicomania - Aspectos sociológicos I. Título.

12-02812   CDD-362.29

Índices para catálogo sistemático:
1. Toxicomanias: Problemas sociais 362.29

SUMÁRIO

Introdução 7

1. Drogas, cultura e sociedade: dos usos regulados aos consumos pesados 13

Acepções médicas, jurídicas e senso comum 13
O que vem a ser uma droga? 13
Drogas, toxicomania e senso comum 17

Dos consumos regulados aos usos descontrolados ... 19
Elementos de antropologia histórica
e cultural dos usos 19
A grande divisão 22
O desenvolvimento do consumo no século XIX 24
A massificação dos usos de drogas e da toxicomania ... 28

Epidemiologia moderna e objetivação do fenômeno 30
A objetivação do fenômeno 30
Elementos de epidemiologia 32

Conclusão 39

2. Sociologia do desvio, usos de drogas e toxicomania....43

Usos de drogas, modos de vida, interação e carreira..... 43
Sociologia do desvio e sociogênese da toxicomania.....43
Como alguém se torna drogado ou toxicômano?........48
O uso de drogas como modo de vida
e atividade social comum..56

Gestão, racionalidade e ética...59
Autocontrole do consumo...59
Toxicomania e racionalidade..61
Como deixar as drogas?...68

Conclusão..72

3. Droga, delinquência e criminalidade..........................77

Pobreza, economia subterrânea e resistência............77
Grandes conjuntos urbanos, subúrbios menos
favorecidos, precariedade e usos de drogas...............78
Uma forma de resistência de populações dominadas?.....82

**Usuários-vendedores, traficantes e
mercado da droga**..85
Profissionalização, carreiras e modos de vida dos
protagonistas do tráfico...85
Estrutura dos mercados de droga..............................89

Droga e delinquência: uma relação controversa........93

Conclusão..98

4. Proibição, controle e regulação 103

**As políticas de luta contra a oferta
e a demanda de drogas** 105
Elementos sociopolíticos da gênese do controle
internacional das drogas 105
Políticas e legislações nacionais de luta contra
o uso e o tráfico 108
Atitudes práticas, revogação da penalização
e descriminalização 114

As políticas de tratamento e reinserção 123
A lenta invenção da toxicomania 123
A sanitização do problema das drogas 126

Conclusão 135

Conclusão 139

Referências bibliográficas 143

INTRODUÇÃO *

O consumo de substâncias que têm o poder de modificar os estados de consciência (efeitos conhecidos como psicoativos), das quais (algumas delas) se pode dizer que são capazes de produzir "dependência" e engendrar a "toxicomania", e que as convenções internacionais e as legislações nacionais classificaram como "entorpecentes", já se tornou um fato social bem-estabelecido: com efeito, o uso daquilo que se designa habitualmente como "drogas" (ópio, heroína, maconha etc.) se desenvolveu nas sociedades ocidentais no final do século XIX, difundindo-se de modo mais abrangente a partir dos anos 1960, nos Estados Unidos, em seguida na Europa e, hoje, em muitos outros países. O uso dessas substâncias se tornou uma prática social comum, muitas vezes recreativa e ocasional, ainda que certo número de consumidores a elas recorra com maior regularidade e alguns deles façam um uso que se pode chamar de compulsivo. Há uma dimensão essencial da experiência das drogas quando esta se torna toxicomania: a continuidade de

---

* N.T.: Dedico a tradução desta importante e significativa obra de referência ao **Dr. José Luiz Risi Leme**, psiquiatra do Sistema Único de Saúde e formado pela Universidade Estadual Campinas. Seu trabalho junto a toxicômanos na cidade de Bragança Paulista-SP é digno de uma humilde homenagem como esta. A edição brasileira de *Sociologia da droga* deve muito a sua assessoria como profissional que domina o vocabulário específico empregado neste livro.

uma prática, certamente agradável por um lado, mas que se conhece como nociva, e da qual muitas vezes se quer libertar-se. Embora o consumo recreativo, ligado à diversão e à festa, forme cada vez mais um dos aspectos mais significativos do quadro que descreve o uso de drogas no início do século XXI, o imaginário social habitualmente associado à droga e à toxicomania é sombrio: o fato de experimentar esses produtos, ou pelo menos alguns deles, é com muita frequência concebido como a mãe potencial do vício, do crime, da morbidez e da marginalidade social.

Entretanto, nem todas as substâncias psicoativas, como o álcool, mas também o tabaco e os remédios psicotrópicos, são classificadas juridicamente como entorpecentes, veiculando essa diabólica reputação. Contudo, elas atuam na consciência e seu uso prolongado também pode produzir dependência. Além disso, todas as drogas chamadas impropriamente, de um ponto de vista jurídico (é o mau uso que se faz delas que se pode considerar ilícito), "ilícitas", nem sempre foram consideradas como tal. Houve épocas e lugares em que a heroína era usada para fins medicinais e o ópio para um prazer culturalmente aceito. Na verdade, não existe necessidade medicinal, quer psicopatológica quer farmacológica, que possa justificar por si só as classificações jurídicas dos entorpecentes. Essa constatação bastante banal nos convida a reconhecer que a categorização social de uma substância como "droga" e sua classificação jurídica como "entorpecente" dependem muito mais de uma convenção social e cultural. Isso quer dizer que o conceito "droga" e a diversidade de substâncias que ele compreende em seu perímetro devem ser considerados o produto, por natureza provisório, de lutas simbólicas e científicas, tanto quanto políticas e sociais: a fronteira que separa a classe das drogas ilícitas e a classe dos produtos psicoativos lícitos é bastante permeável, como nos ensina a história.

Deixemos claro que esta obra se interessa de modo quase exclusivo por aquelas substâncias psicoativas classificadas como entorpecentes e que ficaram normalmente conhecidas como "drogas". Essa delimitação não tem nada de evidente: poderíamos facilmente aderir a uma definição que priorize as propriedades psicoativas das substâncias e seu potencial aditivo e nos interessar por todos os produtos, independentemente de sua classificação legal, como recomendam Hunt e Barker (2001).* Evitaríamos, assim, reproduzir numa obra de ciências sociais o que essas mesmas ciências sociais buscam de fato banir: os preconceitos e as prenoções sociais que dividem, em dois mundos distintos e separados, produtos que certas disciplinas (como a psicopatologia, a neurobiologia), mas também certas teorias sociológicas, procuram pensar juntos. Deve-se considerar ainda que a "grande divisão", como a nomeiam certos analistas, entre substâncias psicoativas lícitas e drogas ilícitas também é um fato social que convém analisar, para que se possam identificar as particularidades de sua origem, tanto quanto de sua permanência. Assim, não é muito surpreendente que a pesquisa em ciências sociais tenha se direcionado distintamente para as duas classes de produtos, formando dois mundos acadêmicos fragilmente conectados, e que o álcool, num movimento clássico no qual os "grandes objetos" atraem o maior número e os mais ilustres analistas, tenha sido objeto de investimentos científicos mais consequentes do que as drogas ilícitas e a toxicomania. Por esse motivo, a pesquisa sobre as drogas, sobretudo na França, ocupou um lugar periférico durante muito tempo.

---

* As referências entre parênteses remetem às referências bibliográficas no final do livro.

Mas a droga merece uma sociologia? As considerações que acabamos de fazer nos levam a responder afirmativamente a tal questão, e isso por três razões: 1) há, primeiramente, a questão essencial, que compete propriamente à sociologia, mas também à história e à antropologia – disciplinas que convocaremos oportunamente –, daquilo que determinou o desenvolvimento do consumo no fim do século XIX e, depois, a sua disseminação a partir dos anos 1960, nos países ocidentais; 2) há, em seguida, o enigma constituído pelo comportamento dependente, que pressupõe um indivíduo aderindo a uma prática cujos efeitos destrutivos ele conhece e da qual gostaria, com muita frequência, de abrir mão. Como compreender que o desejo da consciência possa ser atendido com tanta dificuldade pela vontade e pela ação? A vontade, a razão, a capacidade de autonomia ou a responsabilidade seriam competências que ficam suspensas ou neutralizadas quando se é toxicômano ou dependente? Ou, para parafrasear uma elegante fórmula de Ehrenberg (1998): o sujeito termina na dependência? Se essas questões certamente interessaram outras disciplinas, como a filosofia ou a economia, a sociologia pode a elas aplicar uma perspectiva singular, que pretendemos restituir aqui; 3) há, por fim, a reflexão que se deve fazer sobre as razões que determinaram a classificação arbitrária, ou seja, desnecessária, de certas substâncias como entorpecentes. Afirmar semelhante ambição construtivista não equivale de modo nenhum a negar a existência de propriedades farmacológicas particulares, ou do caráter potencialmente aditivo ou perigoso de certos produtos (KNIPE, 1995) (mesmo se, como veremos mais para frente, a existência de efeitos psicoativos particulares não seja suficiente para explicar por si só a permanência da dependência, ou ainda a sensação de prazer experimentada pelos usuários); trata-se apenas de pontuar as competências próprias da sociologia, as que permitem esclarecer os processos e mecanismos sociais e políticos pelos quais certos produtos, em determinadas épocas e locais, foram categorizados como "drogas" por uma sociedade e um direito; e, reciprocamente, como e por que alguns outros, tão elegíveis quanto a mesma categoria, acabaram por não sê-lo.

Por fim, os trabalhos de sociologia da droga e das toxicomanias que tentaram responder a essas questões deveriam ser, para além das respostas mais ou menos satisfatórias que conseguiram encontrar, a oportunidade de compreender o modo pelo qual a sociologia forjou para si, muitas vezes contra outras disciplinas ou outras acepções, um entendimento próprio das questões relativas a drogas e toxicomania. Considerar a singularidade do olhar sociológico impõe que a literatura citada nesta obra seja, na medida do possível, propulsora de um (ou vários) quadro teórico que tenha como fundamentos a disciplina sociológica e a ciência política. Por outro lado, fiéis à máxima de Durkheim, segundo a qual o social não é o sociológico, deixaremos de lado os inúmeros trabalhos e pesquisas que possuem outros embasamentos teóricos (ou não possuem nenhum), embora tratem das dimensões sociais do objeto em questão. Atenção especial será dada à sociologia de expressão francesa, e particularmente à sociologia francesa, ainda que essa preocupação singular não faça justiça à quantidade de trabalhos anglo-saxônicos sobre um assunto que, como ocorre com muitos outros objetos, domina, pelo menos em quantidade, o mercado dos saberes e dos conhecimentos científicos sobre as drogas.

I

DROGAS, CULTURA E SOCIEDADE: DOS USOS REGULADOS AOS CONSUMOS PESADOS

Acepções médicas, jurídicas e senso comum

O que vem a ser uma droga?

O termo "droga" designa uma substância, natural ou sintética, capaz de mudar os estados de consciência, como, por exemplo, a maconha, a cocaína, a heroína, o ópio, o álcool ou os remédios psicotrópicos. O *Larousse medical* (1995) diferencia, sob esse ponto de vista, quatro famílias de droga: 1) as drogas psicodepressoras, que se caracterizam por sua ação calmante, soporífera e ansiolítica: o álcool, as drogas à base de ópio (ou opiáceos), barbitúricos, tranquilizantes (sedativos ou hipnóticos) ou solventes (éter e terebentina); 2) as drogas psicoestimulantes, como a cocaína e seu derivado, o *crack*, as anfetaminas, o *ecstasy*, e até mesmo a cafeína, o khat ou a nicotina; 3) as drogas psicodislépticas, que apresentam efeitos alucinógenos, como o LSD, alguns cogumelos e o haxixe; 4) por fim, certos remédios com efeitos psicotrópicos. É importante observar que os efeitos psicoativos das diferentes drogas não são apenas de naturezas diferentes, mas também apresentam uma intensidade variável de uma droga para outra, algumas delas possuindo, por exemplo, propriedades tóxicas comprovadas e severas (mesmo pequenas doses podem ser mortais para certos organismos não habituados), ao passo que outras são consideradas menos nocivas.

Mas os efeitos psicoativos não são as únicas propriedades consideráveis das drogas: sistematicamente, por trás da noção de droga surgem as noções de dependência e toxicomania; o uso de drogas seria capaz de levar à toxicomania. Essa última noção pode ser definida, numa perspectiva estritamente médica e/ou psicopatológica, como "uma apetência ou avidez a consumir determinadas substâncias que dá lugar à dependência" (POROT, A. e POROT, M., 1993, p. 8). A toxicomania se caracterizaria, assim, pela presença de pelo menos um dos dois tipos de dependência seguintes: 1) uma dependência física, que se expressa por meio da persistência da crise de abstinência, caracterizada por todos os tipos de perturbação física e/ou psíquica, que surgem quando a administração da substância é suspensa. Tal dependência revela igualmente um mecanismo fisiológico de tolerância, por conta do qual o sujeito seria levado a aumentar as doses e/ou a consumir um produto mais concentrado (com princípio ativo maior) para (tentar) manter estáveis os efeitos desejados; 2) uma dependência psicológica, que se manifestaria por meio de uma vontade intensa de renovar o uso, sem que apareça necessariamente a crise de abstinência, no caso de interrupção do consumo, nem o mecanismo de tolerância (POROT, A. e POROT, M., 1993, p. 8). Assim, a dependência psicológica não implicaria o desenvolvimento sistemático de uma dependência física. Observemos, por fim, que certas drogas são consideradas pelo potencial que

1. Drogas, cultura e sociedade 15

têm de produzir uma dependência forte e rápida, física e/ou psicológica (heroína), enquanto existem produtos, como o álcool, cujo período de indução de dependência, particularmente física, pode se prolongar por vários anos. Assim, as drogas poderiam ser classificadas de acordo com aquilo que às vezes se pode chamar de seu "potencial aditivo".

Os especialistas precavidos salientarão que essa distinção canônica (entre dependência psicológica e dependência física), referência cognitiva basilar que prevaleceu por muito tempo nos campos sanitário e clínico, tende a ser posta em questão pelos progressos das neurociências. Sem questionar o fundamento dessas definições e classificações médicas, gostaríamos de chamar a atenção do leitor para o fato de que a noção de dependência revela uma dimensão essencial da definição das drogas: essas substâncias, mais ou menos tóxicas, não têm apenas o poder de alterar os estados de consciência, como também podem ser o suporte de um investimento pessoal considerável e o objeto de uma dependência poderosa (embora em graus bastante diferentes). Tal dimensão sugere que pode se tornar droga ou estabelecer-se como droga um número considerável de substâncias, mas também de objetos, comportamentos ou atividades. Assim, deixando à parte uma perspectiva propriamente farmacológica e médica, Elster e Skog (1999) elencam, junto com o consumo de produtos psicoativos, mais de 27 atividades, práticas ou comportamentos capazes de levar à adição.* O vocábulo "adição" [*addiction*], termo jurídico de origem francesa, se aplicaria ao mesmo

---

* N.T.: O *Dicionário Houaiss da Língua Portuguesa* dá como uma das possibilidades da palavra adição a seguinte acepção: "propensão a ter hábitos compulsivos, a se comportar de maneira singular e invariável, qualquer que seja a situação (por exemplo, de modo excessivamente crítico, agressivo ou querelante)".

tempo a um largo espectro de produtos e atividades, ao passo que a toxicomania diria respeito apenas às substâncias psicoativas ilícitas. De acordo com esses dois sociólogos, seis critérios permitiriam definir a adição: 1) a tolerância; 2) a crise de abstinência; 3) as consequências prejudiciais, tanto para o indivíduo como para os que lhe são próximos, provocadas pela adição; 4) a vontade irresistível de repetir a experiência, a atividade ou o uso do produto (conhecida de *craving*, em inglês); 5) a incapacidade de parar; 6) por fim, o desejo de parar.

Mas uma droga não pode ser definida apenas em função de suas propriedades farmacológicas, bastante apreciadas pelos usuários, sua toxidade e seu potencial aditivo variáveis: ao mesmo tempo, com efeito, as drogas designam também (e principalmente) as substâncias psicoativas proibidas, cujo uso é proibido por lei. O álcool ou os remédios psicotrópicos, mas também o café e o tabaco, que no entanto têm efeitos psicoativos e cujo uso pode levar à dependência, não são considerados como drogas nas legislações. Quer se trate das convenções internacionais, quer das nacionais, é de fato considerada como droga uma substância inscrita nos quadros dos entorpecentes. Classificadas pela primeira vez em categorias delimitadas pelo farmacologista alemão L. Lewin, em 1924, as drogas, por força de uma definição propriamente tautológica (Cabalerro e Bisiou, 2000), são, portanto, de um ponto de vista jurídico, as únicas substâncias classificadas como "entorpecentes" pelo direito moderno.

A opinião comum é menos afirmativa, certamente; mas não é ilegítimo adiantar que as "drogas" chamadas de ilícitas (heroína, cocaína, LSD etc.) são com maior facilidade e espontaneidade consideradas as "verdadeiras drogas". Pesquisas de opinião mostram assim que, para a pergunta "Quais são as principais drogas que você conhece, mesmo que seja apenas pelo nome?",

1. Drogas, cultura e sociedade 17

o cigarro e o álcool só se encontram na sexta e sétima posições da classificação dos produtos mais citados (20% e 19% dos entrevistados, respectivamente, os consideram espontaneamente como drogas), sendo preciso perguntar aos entrevistados se os diferentes produtos cuja listagem eles têm diante dos olhos são de fato (ou não) drogas para que o álcool e o cigarro sejam reconhecidos como tais (BECK, 2005). Podem-se olhar os resultados dessas pesquisas de duas maneiras: como faz Beck (2005), que conclui que "não é preciso muito" para que esses produtos lícitos sejam vistos como "verdadeiras" drogas. Mas pode-se considerar também que esses estudos mostram como existe (ainda), de modo geral e espontâneo, uma fronteira simbólica considerável entre essas duas classes de produtos.

Portanto, o que é estipulado pelo direito moderno tem um papel determinante nos processos de definição e qualificação social do que é droga e do que não é. Sabendo que nem todos os produtos com efeitos psicoativos e/ou que podem levar à dependência são classificados como entorpecentes pelas diversas legislações, é preciso admitir, conforme sugerimos na introdução, que a categorização de uma substância como "droga" é originada numa convenção social e cultural arbitrária, de modo que a droga se torna aquilo que é socialmente definido como tal pela (ou por certos segmentos da) sociedade e que é juridicamente classificado como tal pelo direito.

Drogas, toxicomania e senso comum

Em nossos dias ainda, a droga é investida do poder de subjugar as almas, perverter as vontades, dissipar toda moralidade e arrebatar os sujeitos psicológica ou fisicamente vulneráveis numa viagem sem volta. Alguns alegam ter escolhido livremente esse caminho; outros dizem encontrar nele um prazer que não entendem por que vem a ser condenado; outros ainda afirmam passar por ele para desenvolver certas capacidades (com finalidades artísticas, espirituais, esportivas ou de sociabilidade etc.) com as quais não se consideram naturalmente agraciados. Sejam quais forem essas razões, a verdade é que o consumo de drogas é, há muito tempo, moralmente reprovado, medicinalmente apreendido e juridicamente sancionado.

Além disso, o drogado seria considerado como alguém que perdeu as qualidades essenciais que fazem um sujeito social digno e respeitável. Ogien (1998) vê aqui o sinal de uma cultura que crê fortemente na dualidade corpo/espírito e que valoriza as noções de integridade da pessoa, de plena consciência, de autonomia da vontade e de uma natureza soberana. O sujeito moderno e "normal" não teria muita necessidade de recorrer ao artifício. Segundo ele, essa imagem ideal do ser humano teria duas origens: a primeira deve ser buscada no contexto das religiões monoteístas, para as quais Deus teria criado o homem, determinaria seu destino e seria o único a conhecer sua essência. Desses postulados foram extraídos os princípios de inviolabilidade e unicidade do envelope corporal, estipulando que qualquer tentativa de modificar seu destino deveria ser banida. A segunda se situa no contexto de uma concepção particular da natureza, que institui a integridade da pessoa como um valor essencial e convoca cada indivíduo a não tentar esquivar-se das leis que regem o mundo natural dos vivos. Assim, modificar-se, recorrer a artifícios, seria carecer de autenticidade. Ora, segundo Ogien, o uso de droga é sistematicamente associado a quatro características que negam esses valores essenciais: de-

1. Drogas, cultura e sociedade 19

cadência, compulsão, irresponsabilidade, animalidade. Essas características ameaçariam, assim, a integridade da pessoa. A crença na dualidade corpo/espírito alimentaria, portanto, essa rejeição do artifício: como conceber um sujeito social movido por determinadas causas físicas sem que nenhuma intenção, consciência ou razão (neutralizadas por um tempo) possa governá-lo? O indivíduo deve obstinar-se a não ser escravo de si mesmo, a não permitir que o corpo se emancipe do domínio do espírito, condição fundamental da distinção entre os reinos humano e animal.

A droga e a toxicomania, que está associada a ela de modo quase inseparável, há muito tempo passaram a constituir as jurisdições do direito e da medicina. Considera-se que as drogas, cujo uso e comércio são proibidos por lei, possuem um poder assustador: o de introduzir o sujeito na animalidade e na decadência moral e social. No entanto, nem sempre foi assim, nem em todo lugar.

Dos consumos regulados aos usos descontrolados

Elementos de antropologia histórica e cultural dos usos

Não existe manual de antropologia ou de sociologia histórica sobre os usos de drogas que não comece lembrando que o consumo de produtos psicoativos é um fenômeno antigo e universal. Da mastigação da folha de coca, nos Andes, passando pela ingestão de peiote (certo tipo de cacto alucinógeno), praticada pelo povo huichol, no México (CARDINAL, 1988), até o consumo de álcool fermentado no Sudeste asiático, o uso dessas substâncias com finalidades medicinais, artísticas, espirituais, religiosas, entre outras, foi por muito tempo e continua a ser uma prática comum. Costuma-se remontar a origem do uso do ópio nas planícies da Mesopotâmia há aproximadamente três mil anos, e Plínio, o Velho, no século I d.C., já evocava os benefícios e inconvenientes ligados à utilização dessa substância (DUGARIN e NOMINE, 1987). A maconha é classificada como planta medicinal na farmacopeia chinesa desde 3000 a.C. (CARDINAL, 1988).

Com maior frequência, o uso é objeto de normas e prescrições sociais rigorosas e se vê solidamente regulado e inserido em rituais de diversas naturezas. Nas sociedades tradicionais, é frequente atribuir-se um caráter mágico às substâncias que possibilitam comunicar-se com os deuses. A droga, no contexto dos rituais em que sua ingestão faz parte, teria assim uma função "unificadora do campo social" (DUGARIN e NOMINÉ, 1987), e usos intensivos de alucinógenos, considerados no Ocidente como uma ameaça à ordem social, são praticados com a finalidade de reafirmar a coesão dos grupos sociais em certas sociedades (COOMBER e SOUTH, 2004). A droga também serve para marcar as diferenças sociais, e seu uso regulado constitui um meio de reafirmar a hierarquia social que existe entre os membros da coletividade e aqueles que gozam de acesso exclusivo à utilização dessas substâncias (DUGARIN e NOMINÉ, 1987).

Os antropólogos e sociólogos insistem nas relações entre cultura, ou subcultura, e substâncias psicoativas, a fim de revelar a existência de afinidades eletivas entre valores e normas particulares e as propriedades de certos produtos (BECKER, 1967). Cardinal (1988) lembra assim que, na Índia tradicional, certas castas consumiam preferencialmente álcool, ao passo que outras preferiam exclusivamente o consumo da maconha, que era privilegiada por sua capacidade de possibilitar o distanciamento do mundo e o retiro contemplativo, comportamentos socialmente valorizados. Pode-se entender melhor por que as classificações adotadas podem variar de uma região cultural a outra: de acordo com o esquema estruturalista desenvolvido por Lévi-Strauss, certas sociedades baseiam sua classificação num *distinguo* entre produtos alimentícios e produtos não alimentícios, ao passo que outras classificam os produtos em função de sua maior ou menor disponibilidade (HUNT e BARKER, 2001). Para as sociedades ocidentais, não há esse tipo de distinção; os produtos são objeto de categorizações simbólicas (produtos nobres e de prestígio, como o charuto ou os melhores vinhos, e produtos percebidos como populares: pastis* ou cigarros marrons, por exemplo), de modo que o uso de certos produtos serve para marcar o pertencimento a determinada classe e a vontade de afirmar essa distinção.

Entretanto, seria equivocado acreditar na permanência diacrônica dessas classificações. As substâncias psicoativas mudaram com frequência de finalidade, passando de uma função ou de um uso a outro: o café, o álcool, o ópio, a heroína ou a maconha foram sucessivamente percebidos como substâncias medicinais, alimentos, utensílios rituais ou comemorativos, ou mesmo como venenos (NAHOUM-GRAPPE e YVOREL, 1992). Faure (1998) demonstra que o café e o tabaco foram durante muito tempo considerados remédios que facilitavam a digestão e a purificação do organismo, assim como meios de estímulo da atividade intelectual, dos sentidos e da vigilância. O desenvolvimento de seu uso nos

---

* N.T.: Pastis: nome dado a bebidas alcoólicas feitas à base de anis.

séculos XVII e XVIII está intimamente ligado ao desenvolvimento da sociedade cortesã, constituindo um ingrediente essencial da badalação praticada nos salões. O ópio, os tônicos, o álcool de melissa, o láudano ou mesmo o absinto serviam para tratar seletivamente a dor física ou moral, o cansaço ou a neurastenia (ROMANI e COMELLES, 1991). O ópio, particularmente, conhecia um amplo espectro de utilizações possíveis, porque se pensava que com ele era possível combater a febre, as doenças gástricas ou os reumatismos (BERRIDGE e GRIFFITH, 1982). A heroína, inventada por Wright em 1874, além de ser utilizada como alternativa no tratamento de dependência da morfina, era usada para tratar tuberculose, ao passo que Freud recomendava a utilização da cocaína para tratar a histeria, a neurastenia ou as perturbações digestivas (DUGARIN e NOMINÉ, 1987). Nos dias atuais, fizeram-se algumas tentativas em alguns países (Estados Unidos, Canadá e Holanda) para obtenção do reconhecimento de um impacto positivo da maconha sobre a perda de apetite, que caracteriza certas doenças (especialmente a Aids), como também de sua capacidade de diminuir a intensidade das dores ligadas a certas doenças nervosas.

A grande divisão

Mas, no século XIX, o uso de certas substâncias psicoativas se emancipa progressivamente dos dispositivos de regulação culturais, religiosos ou profissionais que o determinavam até então. Em sua acepção contemporânea comum, a droga se distingue pouco a pouco das outras substâncias, e particularmente da classe dos remédios. A partir da segunda metade do século XIX mais precisamente (BACHMANN e

COPPEL, 1989; YVOREL, 1992a), o uso regular, e depois compulsivo, independente de qualquer contexto terapêutico (no qual o produto havia sido prescrito), começa a se desenvolver. Aquilo que se constitui como intoxicação iatrogênica alerta os médicos para os perigos escondidos por certos produtos. O termo "toxicomania" aparece no vocabulário médico nos anos 1880 (YVOREL, 1992b) e essa entidade se estabelece, a partir de então, como uma "doença exógena" (HERZLICH, 1969), causada principalmente a partir do "exterior", pela introdução de um agente maléfico no corpo.

A seringa hipodérmica teria sido um dos vetores do aumento do número de dependentes: inventada para injetar a morfina diretamente no corpo, essa tecnologia se difunde de modo bastante rápido. Graças a ela, torna-se possível o alívio imediato dos pacientes, o que produz nos médicos um sentimento de onipotência (COURTWRIGHT, 1972). O desenvolvimento de um uso intensivo em certas categorias sociais, como os operários e pobres, marca igualmente o início de uma vontade (a princípio essencialmente expressada pela corporação médica), se não de uma proibição, ao menos de uma distinção racional pela medicina entre o que é bom para curar e o que é prejudicial, e de um controle maior das prescrições. Berridge (1998) observa que essas tentativas de controle e separação acompanham os progressos das técnicas, dos saberes médicos e das capacidades de produção industrial dos remédios, tanto quanto o desenvolvimento do comércio nas sociedades ocidentais e entre elas, cujo enriquecimento econômico depende dele. A ameaça de um perigo representado pela droga, de uma epidemia que as transações comerciais poderiam contribuir para disseminar, aumenta bem durante a Revolução Industrial.

A droga se distingue igualmente dos alimentos conhecidos pelo efeito que exercem sobre o humor e o espírito, como o chocolate, ou certas bebidas, como o chá e o café (BERRIDGE, 1998). Por fim, ela se distingue do tabaco e do álcool, cujo uso refinado é prezado, distinção essa que determina uma clivagem por muito tempo insuperável entre as "drogas psicoativas socializadas" (EHRENBERG, 1991) e as que são estigmatizadas.

O desenvolvimento do consumo no século XIX

O desenvolvimento do uso "desregulado" (CASTEL E COPPEL, 1991) determinou os processos de distinção e reclassificação de certas substâncias psicoativas como "drogas", as quais acabamos de evocar. Na primeira metade do século XIX, o consumo intensivo só dizia respeito a alguns militares coloniais, artistas, intelectuais, prostitutas e certos médicos que haviam experimentado essas substâncias. Ainda que o uso do ópio tenha se desenvolvido durante a Revolução Industrial, é na virada do século e na primeira metade do novo século que se "democratiza" o consumo das substâncias malditas, particularmente nas classes operárias europeias (BACHMANN e COPPEL, 1989). No Reino Unido, foco da Revolução Industrial, muitos usuários são camponeses, mas muitos outros trabalham em fábricas e moram em grandes conjuntos urbanos. E logo surge a preocupação pelo fato de o ópio poder diminuir a produtividade e/ou provocar atos de incivilidade ou comportamentos antissociais (BERRIDGE e GRIFFITH, 1982).

A extensão do uso se confirma nos Estados Unidos, como testifica a "epidemia" de cocaína que vigora entre 1880 e 1910 (EHRENBERG e MIGNON, 1992). Esse aumento substancial do

1. Drogas, cultura e sociedade

consumo também se situa junto às camadas mais populares da sociedade industrial nascente. Assim, Courtwright (1972) chega a numerar algo em torno de 313 mil dependentes de opiáceos em 1900. Analisando o perfil dessas pessoas, ele observa transformações históricas significativas: no final do século XIX, os drogados são principalmente adultos (com idade média de 40 anos), do sexo feminino, brancos e provenientes das classes mais altas e médias. São dependentes, sobretudo, de morfina, e sua adição resultaria basicamente da ignorância dos médicos ou de uma falta de precaução no que diz respeito à prescrição, bem como da difusão da utilização da seringa. No início do século XX, o quadro é sensivelmente diferente: trata-se antes de tudo de rapazes brancos, nascidos em solo americano, e na maioria dos casos filhos de pais imigrantes. Moram principalmente nas zonas urbanas, sobretudo Nova York e Filadélfia, são desempregados e integrantes de gangues. O uso da heroína também se torna comum entre os delinquentes e pequenos criminosos, as prostitutas e outros membros daquilo que Courtwright chama de *underworld*. O uso intensivo e a toxicomania teriam como causa um envolvimento voluntário, em busca de novos prazeres ou evasão.

De certo modo, por toda parte no mundo ocidental se difundem as práticas de usos desregulados. Como entender tamanha difusão de uma prática até então limitada a alguns indivíduos? Não existem muitos trabalhos em ciências sociais que tenham buscado de modo efetivo uma resposta a essa questão. Adianta-se, com grande frequência, que se deve considerar esse fenômeno como consequência do nascimento de uma classe operária que tentaria esquecer sua condição de precariedade e dificuldade econômica mediante o consumo regular das substâncias psicoativas (drogas, mas também álcool, como mostra o célebre exemplo da "epidemia de gim" entre os operários ingleses no século XVIII [CARDINAL, 1988]). Ninguém negará que essa explicação tem seus méritos; porém, não nos diz concretamente por que tal recurso se tornou possível, nem como tal oferta pôde encontrar sua procura. Ela resume o desenvolvimento do uso de drogas a um único tipo de função (suportar um mundo funesto), o que é evidentemente reducionista, tendo em vista os diferentes tipos de produto, de públicos e de instituições implicadas nesse desenvolvimento. Courtwright (2002), numa obra inovadora, propõe pistas de reflexão complementares.

Como ponto de partida de sua análise, uma pergunta simples: como entender que certas substâncias (as que ele chama de *Big Three* – álcool, tabaco e café – e as que chama de *Little Three* – ópio, maconha e coca) tenham conseguido se disseminar fora de seu local de produção e consumo, ao passo que outras, como o kava (*Piper methysticum*), o peiote, o bétele (*piper betle*) ou o khat, tenham ficado confinadas a suas terras de origem? Courtwright apresenta um conjunto de razões e fenômenos heteróclitos cuja combinação permite responder de maneira satisfatória a essa questão. Há primeiramente algumas razões que se poderiam qualificar de materiais, e estão ligadas à maior ou menor facilidade de condicionamento, à logística e ao transporte dos produtos, assim como a suas propriedades naturais: desse modo, não é fácil transportar o khat (que é bastante volumoso). Os produtos não têm a mesma durabilidade quando tirados da natureza (a folha de coca, por exemplo, estraga rapidamente). Outros perdem seu princípio ativo ao serem transportados. Indo ao encontro das conclusões de certos antropólogos, ele afirma em seguida que os produtos que conquistaram o mundo de modo mais eficaz eram os mais compatíveis com o espírito emergente do capitalismo moderno e, nesse caso, produziam efeitos de intensidade limitada, como o café e o tabaco. Assim, ele mostra que, se o cachimbo de água simboliza o refinamento e evoca o tempo de viver, o cigarro casa perfeitamente com o espírito do mundo moderno, pelo fato de ser leve e de fácil utilização, podendo ser levado para toda parte. Mascar a folha de bétele estraga os dentes, provocando certa desfiguração que não condiz com as novas exigências de um maior cuidado de si. Portanto, os produtos que melhor atendem às necessidades da produção de massa, do comércio lucrativo e da disciplina ao trabalho é que são, segundo ele, os mais exportados e difundidos: somente certas drogas permitem suportar, sem se perder, as obrigações, o cansaço e a sobrecarga impostos, em todas as classes sociais, pelo desenvolvimento da indústria, do comércio e do capitalismo moderno.

Deve-se admitir também, segundo o mesmo autor, que certas drogas geram lucros consideráveis: em 1885, perto da metade das receitas brutas do governo britânico era proveniente dos impostos sobre as drogas. Não obstante constatando os efeitos deletérios de certas substâncias, como o ópio, os Estados modernos não tiveram pressa em institucionalizar sua proibição. Durante muito tempo, a balança do comércio e do consumo de droga permaneceu positiva, e só mais tarde, no início do século XX, a questão de sua proibição foi realmente debatida publicamente. Nesse sentido, não é exagerado falar numa "revolução psicoativa", e ver nas drogas um dos primeiros produtos com vocação globalizada (*global commodities*). Essa história demonstra, no fim das contas, a importância e o papel das preferências econômicas, culturais e sociais dos europeus, em seguida dos americanos, e, consequentemente, sua responsabilidade nos processos de disseminação das drogas em escala mundial.

A massificação dos usos de drogas e da toxicomania

Se a droga, seu uso e seu comércio conhecem uma expansão sem precedentes a partir de meados do século XIX, mas sobretudo na virada dos dois séculos, é preciso esperar a segunda metade do século XX para que o consumo, do modo como o conhecemos nos dias atuais, encontre suas premissas verdadeiras. Com efeito, o período posterior à Segunda Guerra Mundial marca o início de uma "grande epidemia" (BACHMANN e COPPEL, 1989), principalmente nos Estados Unidos, onde os anos 1950 são os palcos de uma verdadeira explosão do consumo. Com alguns anos de diferença, em meados dos anos 1960, com maior certeza em meados dos anos 1970, a Europa parece seguir o exemplo de seu aliado americano. A droga se instala duravelmente nas sociedades ocidentais e começa a introduzir-se em todas as categorias sociais.

Por vezes se afirma que o movimento *hippie* banalizou o uso de certas drogas, em certos grupos sociais, e que o LSD se tornou a droga-símbolo de uma geração (COPPEL, 2002). É verdade que se desenvolve nessa época um uso particular de drogas, sobretudo entre os jovens: no tempo da liberação sexual, em busca de um "além" que de outro modo seria inacessível, o haxixe e o LSD – drogas psicodélicas por excelência – são concebidos como meios de concretizar os tesouros de criatividade que esconde o indivíduo (MAUGER, 1984). Mas não podemos nos enganar: esse tipo de uso do LSD ou da maconha está longe de esgotar o conjunto de modos de consumo que se estabelecem nas sociedades européias nesses anos. Primeiramente, os produtos utilizados se diversificam: depois da maconha, que começa a ser cada vez

1. Drogas, cultura e sociedade   29

mais consumida nos anos 1960, é a heroína (nos anos 1970), em seguida a cocaína e o *crack* (a partir dos anos 1980) e, finalmente, as anfetaminas e o *ecstasy*, nos anos 1990, que, juntos, passam a formar o essencial dos produtos ingeridos. Em seguida, as populações envolvidas não são mais esse grupo de "revoltados" que expressavam em alta voz sua vontade de emancipação, ao ponto de desrespeitar a proibição legal do uso de drogas: ao consumo como prática "contracultural" se acrescenta, para finalmente se sobrepor a ele, a "destruição sem frases" (MAUGER, 1984). Atualmente, além dos estudantes, são os jovens dos meios menos favorecidos, os desempregados, os operários ou os trabalhadores sem qualificação que usam drogas. Mas também os empregados ou outros membros das classes médias. Esse fenômeno de democratização do uso de drogas, sobretudo entre os jovens, é uma realidade que diz respeito à Europa inteira. Measham *et al.* (1994) falam de uma "normalização": a considerável prevalência que observam entre os jovens, realizando seus estudos em certas regiões da Inglaterra, os conduz a concluir que o uso de drogas está presente em todos os segmentos da população e que as diferenças entre subgrupos sociais (em termos de produtos consumidos, de quantidade e de frequência, sobretudo) são menos marcadas e mais sutis. As diferenças de gênero, especialmente, em que as mulheres teriam a reputação de consumir menos drogas que os homens, se mostram menos evidentes. Doravante, deve-se aceitar a evidência: a sociedade moderna é "uma sociedade com drogas" (FAUGERON e KOKOREFF, 2002).

Epidemiologia moderna e objetivação do fenômeno

A objetivação do fenômeno

A objetivação do fenômeno pela análise quantitativa de sua amplitude e do levantamento de suas características essenciais só foi revelar-se tardiamente uma necessidade de primeira grandeza: tendo as drogas passado a figurar de tal modo como "algo demoníaco", não se considerou necessário documentar de maneira detalhada, e sobretudo significativa, a extensão alcançada por um fenômeno cuja progressão insidiosa em todas as camadas da sociedade moderna era, entretanto, denunciada. De fato, foi preciso esperar o fim do século XX para que as técnicas confiáveis de coleta de dados fossem elaboradas e permitissem uma análise mais precisa dos usos de drogas nas sociedades ocidentais. Durante muito tempo, as únicas informações disponíveis eram provenientes dos organismos de repressão (polícia e justiça), e sabemos, no entanto, que elas não constituem mais do que uma fotografia parcial do fenômeno: tais informações revelam, sobretudo, lógicas políticas e profissionais (como a intensidade e orientação da atividade de repressão policial), de modo a não oferecerem um retrato fiel da situação das drogas em determinado país (MOUHANNA e MATELLY, 2007; SETBON, 1995). De igual maneira, algumas estatísticas coletadas pelos Ministérios da Saúde só diziam respeito aos toxicômanos que procuraram os serviços de assistência, pacientes particulares com perfis singulares (BERGERON, 1999). De fato, como qualquer outra atividade ilícita, o consumo de drogas representa um desafio extraordinário para a epidemiologia e a coleta de informações estandardizadas e comparadas: muitos usuários hesitam em revelar sua intimidade nas pesquisas e os toxicômanos mais resistentes nem sempre fazem parte de seu corpus de análise. Essas dificuldades de objetivação dos aspectos sanitários do uso de drogas e das toxicomanias foram particularmente notáveis nos países europeus com pouca tradição de saúde pública desenvolvida, como França, Bélgica, Itália e Espanha; nesses países, a epidemiologia não pôde encontrar as condições institucionais necessárias a seu pleno desenvolvimento – sobretudo na França (BERLIVET, 2005). Todavia, respondendo a uma demanda crescente de elementos numéricos no debate público e político (BECK, 2005) e à confiança que a sociedade moderna neles depositou (PORTER, 1996), estabeleceram-se por todo o território europeu diversos tipos de observatório e organismos especializados, impulsionados, particularmente, pelo Observatório Europeu de Drogas e Toxicomanias (OEDT). Criada em 1993, essa agência da União Europeia tem como principal missão desenvolver indicadores-chave (que cada Estado membro se compromete a utilizar, de acordo com procedimentos e protocolos assinados), que são considerados úteis para uma comparação pertinente das diferentes situações nacionais e para o esboço do quadro de conjunto do fenômeno em escala europeia, também compreendida a Noruega (BERGERON e GRIFFITHS, 2006). Nos Estados Unidos, mas especialmente nos países de tradição anglo-saxônica, como Canadá e Austrália, desenvolveram-se instituições semelhantes. O National Institute on Drug Abuse (o famoso NIDA), nos Estados Unidos, criado em 1974, realiza e financia um número considerável de pesquisas e estudos (financiando possivelmente 85% das pesquisas no mundo [SANFAÇON *et al.*, 2005]) e provê a ação pública americana com seus relatórios. Existem também os estudos minuciosos e relatórios anuais do United Nations Office on Drugs and Crime (agência das Nações Unidas), que fazem o balanço da situação da oferta e da procura de drogas no mundo. Tais estudos, embora muitas vezes acusados de expor os números duvidosos apresentados pelos Estados membros, representam uma soma de informações não negligenciáveis, sobretudo as relativas à cultura e, em menor medida, à produção mundial de drogas.

Sem sucumbir às tentações positivistas que nos levariam a considerar esses instrumentos estatísticos como utensílios de uma análise neutra e apolítica das diferentes dimensões do problema das drogas e das toxicomanias (particularmente quando se trata do NIDA, cujas pesquisas são orientadas pelos interesses do governo americano), é possível reconhecer que passamos a dispor, como nunca até então, de dados estatísticos que esclarecem sobre certos (mas não todos, longe disso!) aspectos importantes do consumo de drogas e suas consequências.

Elementos de epidemiologia

Ainda que a consideração do fenômeno em outras regiões do mundo, sob uma ótica diferente, permitisse compreender melhor as realidades europeias e anglo-saxônicas (COOMBER e SOUTH, 2004), optamos aqui por nos concentrar na situação europeia, comparando-a em alguns momentos com a situação norte-americana. A maior parte dos dados quantitativos e das conclusões aqui apresentadas tem como proveniência o relatório anual do Observatório Europeu de Drogas e Toxicomanias (OEDT), publicado em novembro de 2008, mas data de 2006 (intervalo esse que se deve à demora no tratamento da informação). Apesar de seu caráter um tanto artificial, diferentes substâncias são com frequência consumidas simultaneamente – prática conhecida como "policonsumo" ou "politoxicomania", considerada pelo OEDT uma característica fundamental do quadro contemporâneo –, adotaremos, com a finalidade de melhores esclarecimentos, uma apresentação de cada produto de uma vez (para a situação francesa, ver o *site* www.ofdt.fr).

Entrando no velho continente pelo caminho dos Bálcãs e rota da seda, dois tipos de heroína estão presentes no mercado europeu: a castanha, mais comum, produzida principalmente no Afeganistão, e a branca, produzida no Sudeste asiático. O ano de 2007 marcou um recorde na produção mundial de heroína, de modo que os preços médios de venda tiveram a tendência de cair entre 2001 e 2006. Nos anos 1990, o OEDT criou um indicador destinado a medir o uso problemático de droga: são considerados problemáticos os usos por meio de injeção ou os usos regulares/duradouros de heroína, cocaína ou anfetaminas. Assumindo um compromisso delicado (e não completamente satisfatório, de um ponto de vista científico) com uma vontade de compreender o melhor possível a situação e a emergência de atitudes a serem tomadas na totalidade do território europeu, esse indicador tem a ambição de medir a predominância dos usos intensivos das drogas chamadas de "pesadas" (essa distinção permanece bastante controversa) e, portanto, indiretamente, os problemas de dependência. Assim, ele informa acerca dos usos que causam maiores problemas às sociedades ocidentais.

A estimativa do OEDT para o uso regular de opiáceos é de 4 ou 5 casos para cada 1.000 pessoas (entre 15 e 64 anos), ou seja, 1,5 milhões de usuários "problemáticos" na União Europeia em 2006. O uso de opiáceos, e principalmente heroína, não está distribuído de maneira homogênea pelo território europeu: na Estônia, a estimativa é de 15 usuários para cada 1.000 pessoas com idades entre 15 e 34 anos, enquanto no Chipre é de pouco mais de 1 caso para cada 1.000. A situação na América do Norte (Estados Unidos e Canadá) é parecida, com estimativas entre 0,4% e 0,6%.

Sendo difícil fazer estimativas seguras para vários anos, a evolução de certos indicadores entre 2004 e 2006 alimenta a inquietação dos observadores: crescimento das apreensões na Turquia (sem que se possa saber ao certo se essa evolução reflete a adoção de medidas pelas autoridades locais ou um aumento real do número e/ou volume de tentativas de cruzar as fronteiras), anos de produção recorde no Afeganistão, queda nos preços de venda da heroína castanha (2001-2006), ampliação das demandas de tratamento para dependentes de opiáceos em certos países e reprise do aumento do número de óbitos decorrentes do consumo (desde 2003).

A maconha, cultivada em mais de 60 países, principalmente na África (Marrocos) e América (Estados Unidos e México), e cada vez mais em solo europeu (Albânia e Holanda), está no centro das atividades de tráfico na Europa, sendo também a substância mais consumida no velho continente. Entre 2001 e 2006, seis países (num total de 16 países estudados) teriam presenciado um aumento significativo (ao menos 15%) das estimativas de consumo da maconha entre os jovens (15-34 anos) para cada ano decorrido, enquanto em outros três países elas baixaram e se mantiveram estáveis em outros sete. A diminuição do consumo de cigarro, frequentemente associada ao aumento do consumo de maconha, é por vezes apresentada como uma razão explicativa.

Estima-se que essa substância, em 2006, foi consumida pelo menos uma vez na vida por mais de 70 milhões de europeus com idades entre 15 e 64 anos. Quando se trata dos consumos recentes, são aproximadamente 23 milhões de europeus que usaram esse produto no ano passado e mais de 12 milhões no mês anterior à pesquisa, ou seja, 4% dos europeus com idades entre 15 e 64 anos. Essas estatísticas aumentam quando se tem em vista o grupo específico dos jovens (15-34 anos), uma vez que, em média, mais de 7% deles teriam usado maconha no mês anterior à pesquisa, indicando um provável uso bastante regular numa parcela significativa dessa população. Em treze países, em 2007-2008, 4 milhões de europeus (com idades entre 15 e 64 anos) utilizariam maconha cotidianamente. Além disso, um estudo realizado em 2003 entre jovens escolarizados de 15-16 anos mostrava que 11% deles haviam consumido maconha no mês anterior (ESPAD *survey*). Todos esses números demonstram larga difusão da maconha entre os europeus, particularmente os jovens. Aliás, as demandas de tratamento para o consumo de maconha como produto principal tenderam a aumentar nos centros de tratamento para dependentes químicos na Europa (especialmente na França e Alemanha), estabelecimentos que tinham maior tendência a acolher dependentes de heroína e cocaína. Contudo, essas estatísticas permanecem inferiores às obtidas para a realidade dos Estados Unidos, onde, em 2005, as estimativas para o ano anterior relativas aos jovens (usuários de maconha) eram de 21%, contra 13% na Europa.

O consumo de cocaína, produzida essencialmente na Colômbia, no Peru e na Bolívia, aumenta significativamente nos países europeus a partir de 1995. Entre 2001 e 2006, as infrações à legislação sobre os entorpecentes (uso, compra, transporte etc.) relacionadas à cocaína aumentaram aproximadamente 61% na Europa, como também as apreensões desse produto no mesmo continente, tendo diminuído o preço de venda de pequenas quantidades da droga no mesmo período. Quer se trate de informações obtidas pelos instrumentos de coleta de dados empregados pelo OEDT para análise da realidade europeia, ou de pesquisas nacionais compreendendo a população geral, ou de estudos *ad hoc* mais localizados: todos os dados convergem para a sustentação da hipótese de um aumento do consumo, particularmente nos contextos de lazer, como as danceterias ou os *shows* e festivais de música.

Desse modo, a cocaína se tornou a segunda droga mais consumida pelos europeus depois da maconha: perto de 12 milhões de indivíduos a teriam experimentado ao menos uma vez na vida e 2 milhões no mês anterior à pesquisa. Mas as estatísticas não são homogêneas, oscilando entre 0,4% em certos países e 7,7% em outros (população entre 15 e 64 anos), e é interessante observar que, em alguns dos Estados que passaram a integrar a União Europeia em maio de 2004, as estimativas são as menos elevadas (entre 0,4% e 1,2%). Existe ainda, desse ponto de vista, uma diferença entre o Leste e o Oeste europeu. A estimativa cai para 4 milhões de consumidores quando se consideram seus usos durante o ano anterior à pesquisa, e para 2 milhões quando a pergunta se refere aos consumos realizados no último mês. O uso parece ser particularmente significativo entre os jovens (15-34 anos), de sexo masculino, com uma estimativa referente ao ano anterior à pesquisa entre 4% e 7% na Itália, Reino Unido ou Espanha.

Portanto, a situação europeia parece menos preocupante que a encontrada nos Estados Unidos, mas também no Canadá ou na Austrália, onde as diferentes estimativas são mais elevadas. Entretanto, vale salientar que, em certos países europeus, como o Reino Unido, as estimativas concernentes ao uso no ano anterior à pesquisa são comparáveis às estimativas dos Estados Unidos para os jovens (15-34 anos). Alguns acreditam ver nessa constatação os sinais prenunciadores de uma expansão do uso no resto do continente.

Abordemos, finalmente, o caso das anfetaminas e do *ecstasy*. Comecemos observando que as metanfetaminas, entre elas o cristal, que invadiram o mercado norte-americano nos anos 1990 e 2000, não parecem ter atingido o continente europeu em proporções comparáveis. As anfetaminas são consumidas de modo problemático em certos países escandinavos e no Leste europeu, onde existe uma tradição de apetência por esses produtos, que por vezes são injetados. A estimativa do uso no ano anterior à pesquisa oscila, numa maioria de países, entre 0,1% e 2,9%, e uma média de 1,3% de jovens europeus (15-34 anos) teria declarado ter feito uso de anfetaminas no ano anterior à pesquisa. O LSD, por sua vez, é uma droga muito pouco disseminada em solo europeu, de modo que seu consumo permanece estável. Contudo, esse não é o caso das diferentes formas de *ecstasy* (entre elas a MDMA), cujo uso conheceu um florescimento importante nos anos 1990. É digno de nota o fato de que a Europa (em particular a Holanda, a Bélgica e o Reino Unido) é o principal produtor e exporta para o mundo inteiro seus produtos. As estatísticas são mais elevadas entre os jovens, estando essa substância associada a festas e baladas (HUNT e EVANS, 2003), sobretudo no contexto do movimento tecno (TESSIER, 2003). O *ecstasy* apresentaria uma taxa de consumo de 3% em média, o que quer dizer que 9,5 milhões de europeus com idades entre 15 e 64 anos o experimentaram ao menos uma vez na vida. O uso recente (no ano anterior à pesquisa) compreenderia 2,6 milhões de jovens europeus. Mais uma vez ainda, o Reino Unido encabeça a lista de países consumidores. Entretanto, o OEDT observa que o uso do *ecstasy* em certos países tenderia a se estabilizar, ainda que em níveis elevados, depois de um período de forte crescimento (anos 1990), e que a cocaína (assim como as anfetaminas) poderia suplantá-lo, como na Dinamarca, Espanha ou Reino Unido.

Seria necessário acrescentar a estas curtas considerações alguma análise sobre o GHB (conhecido como "droga dos estupradores"), os cogumelos alucinógenos ou sobre o mCPP, nova droga sintética que está na moda em certas regiões da Europa. Faltam também inúmeras informações relativas às características (sociais, econômicas, profissionais etc.) das populações, às diferenças relativas a gênero, ou ainda aos contextos de consumo. Voltaremos a essas questões nos capítulos seguintes. Resta dizer que esse quadro por nós delineado, por mais imperfeito que seja, tem o mérito de esclarecer duas dimensões do problema contemporâneo do uso de drogas: a primeira diz respeito ao fato de que, apesar da persistência de diferenças entre países em termos de produtos consumidos, de frequência e de maneiras de consumir, podem-se observar os sinais de uma convergência de certos padrões de consumo, em parte ligada ao fato de que os estilos de vida são parecidos: o consumo em Praga, Barcelona, Paris ou em Londres seria cada vez mais semelhante, particularmente nas baladas (HUNT e EVANS, 2003) e nos clubes onde os indivíduos procuram prazer, excitação e hedonismo (MEASHAM *et al.*, 2001). A segunda, e certamente mais trivial, constitui a extensão alcançada pelo fenômeno.

Conclusão

Esse fenômeno alcança proporções ainda maiores quando se acrescentam a ele as práticas de consumo de produtos psicoativos lícitos (como os remédios psicotrópicos e o álcool) ou toda a família de produtos dopantes (sejam aqueles utilizados por atletas para melhorar suas performances, ou aqueles considerados menos perigosos, como suplementos alimentares, complexos vitamínicos ou plantas calmantes que se utilizam em circunstâncias como uma prova de vestibular ou uma entrevista de trabalho). Os jovens não são os únicos a aderir ao recurso do artifício: uma população cada vez maior, sem exceção dos idosos, começa a causar grande preocupação.

Courtwright (2002) tentou identificar as condições e os fatores (de naturezas bastante diversas) que permitem compreender o advento daquilo que ele denomina "revolução psicoativa" na primeira metade do século XX. Ele pôs no centro de seu método explicativo variáveis de ordem econômica, mesmo se a compatibilidade seletiva das propriedades de certas drogas com o espírito nascente do capitalismo moderno (supondo uma concepção nova do que seja o homem moderno) representa um papel fundamental em sua demonstração.

Com efeito, não existem muitos outros sociólogos (Courtwright é historiador) que tenham buscado entender em toda a sua unidade o fenômeno da difusão do consumo de substâncias psicoativas (LAGRANGE e MOUGOTOV, 1997), como tentou fazer Ehrenberg em trabalhos (1991, 1994, 1995) mais precisamente referentes a evoluções ocorridas na segunda metade do século XX. Se muitos sociólogos, como veremos, conseguiram conceber as razões do desenvolvimento de certos usos em certos meios sociais, poucos chegaram (ou mesmo tentaram fazê-lo) a associá-lo a transformações históricas fundamentais, de ordem antropológica, que ultrapassam a singularidade de contextos específicos. Segundo Ehrenberg, o desenvolvimento maciço dos usos de todos os tipos está intimamente relacionado com o desenvolvimento da "sociedade dos indivíduos": inspirando-se, entre outros, nas reflexões de Claude Lefort, ele inscreve o uso de drogas num processo secular de individualização e o pensa como uma "resposta química" à "indeterminação democrática": "esse processo normativo que leva o indivíduo a encontrar seu lugar e sua identidade na sociedade em vez de recebê-los antecipadamente" (EHRENBERG e MIGNON, 1992, p. 13).

Segundo ele, o uso de drogas não se origina de patologias individuais ou sociais, mas é o produto de uma transformação antropológica essencial e a consequência de uma degradação das paixões ideológicas e das instituições coletivas que outrora regulavam com maior firmeza as relações sociais (EHRENBERG, 1991). Os homens se tornaram indivíduos, convocados (ao contrário de seus antepassados, que seguiam um caminho que eles mesmos não haviam traçado) a assumir sozinhos a responsabilidade de seu destino; cabe-lhes agora produzir o sentido de sua existência, esboçar e pôr em prática um "projeto de vida", atuar como sujeitos autônomos e ser, no contexto dessa empreitada exigente, particularmente bem-sucedidos. O êxito individual se tornou um valor essencial da modernidade. Nessas condições, as drogas são "multiplicadores artificiais de individualidade", quer sejam utilizadas para melhorar desempenhos (sobretudo no mundo do trabalho, onde o uso de drogas vem aumentando [CESONI e KAMINSKI, 2003]), para revelar competências latentes, diminuir a angústia, aumentar a sociabilidade ou, ao contrário, "isolar-se em si mesmo"

(EHRENBERG, 1991). Le Garrec (2002) bem demonstrou que o policonsumo dos adolescentes (maconha, usada em conjunto com o cigarro e o álcool) atualiza em nossos dias uma vontade de marcar um rompimento com uma exigência constante de êxito, de sucesso e de conquista individual. O uso de drogas teria assim mais a ver com o tema da adaptação e da dopagem (MIGNON, 2002) do que com o da fuga para a irrealidade (EHRENBERG, 1991). E Le Breton (2007) apresenta conclusões semelhantes: as drogas, e de modo especial os remédios, permitem reforçar "capacidades de reação ou de resistência de funções orgânicas com as quais o indivíduo não se satisfaz mais". O corpo se tornou um "rascunho a ser corrigido" (LE BRETON, 2007, p. 168).

2

SOCIOLOGIA DO DESVIO, USOS DE DROGAS E TOXICOMANIA

A etnologia, a antropologia e a sociologia se interessaram pelos problemas relacionados com as drogas e as toxicomanias principalmente no momento (segunda metade do século XX) em que o consumo se massificou nas sociedades ocidentais (BACHMANN e COPPEL, 1989). O álcool, ao contrário, já era objeto de uma tradição de pesquisa mais antiga e desenvolvida, sobretudo em antropologia (HUNT e BARKER, 2001). É nessa época que aparecem os usos que extrapolam as "regulações societais" (CASTEL, 1992) e que a toxicomania é etiquetada como "calamidade social", necessitando, por isso, da solidariedade nacional e das competências do Estado. O uso de drogas e a toxicomania serão estudados, portanto, como formas particulares de desvio.

Usos de drogas, modos de vida, interação e carreira

Sociologia do desvio e sociogênese da toxicomania

Constatar a teoria da anomia – Tendo sido por muito tempo pensados unicamente nas categorias do direito e da medicina, os usos e as toxicomanias logo passarão a ser o objeto de um olhar propriamente sociológico que descreve, desmistifica e desconstrói para tentar, com maior ou menor êxito, compreender, bem como explicar. Aí está um dos maiores desafios que a sociologia da droga já teve de enfrentar: se foi ousadia mostrar que certos crimes ou atos de delinquência podiam ser entendidos como práticas corriqueiras, tal ambição parecia ainda mais "fora de propósito" no caso do uso de drogas. Esses trabalhos sociológicos, em sua maioria, tentaram, explicitamente ou não, destruir as crenças do senso comum, tanto quanto contrastar os resultados e/ou revelar os limites das teorias etiológicas da predisposição psicológica ou biológica que logo passaram a constituir o essencial do corpus científico sobre o assunto.

Na esteira dos trabalhos dos pesquisadores das diferentes escolas de Chicago, que logo fizeram do estudo do desvio um de seus principais centros de interesse (OGIEN, 1995), floresceu uma corrente de pesquisa, o interacionismo, que não se cansou de criticar a perspectiva explicativa funcionalista desenvolvida pelo sociólogo R. K. Merton (1957). Este último retoma certas conclusões estabelecidas por Durkheim, para quem é importante que a sociedade regule as aspirações individuais e evite, ao fazê-lo, que se desenvolvam sentimentos de frustração e desejos que não podem ser satisfeitos; tal situação social geraria tensões capazes de levar o indivíduo a transgredir as normas sociais. Com efeito, quando a integração social é insuficiente e o indivíduo não é mais controlado pela força socializante de seu meio, "sua motivação a fazer o esforço necessário para respeitar as normas sociais" se vê consideravelmente enfraquecida (CUSSON, 1992, p. 400). Merton, que delimita seu foco nas desigualdades sociais, desenvolve e afina essa perspectiva, argumentando que o desvio resulta do

2. Sociologia do desvio, uso de drogas e toxicomania

descompasso que pode existir, em certas condições, entre as aspirações dos indivíduos promovidas pela sociedade (donde o êxito social) e os meios para realizá-las. Ele demonstra, assim, que os membros dos grupos sociais que vivem em condições sociais precárias desenvolvem sentimentos poderosos de frustração e alienação, podendo ser levados a utilizar meios ilegais (crime, roubo etc.) para tentar atingir os fins que todo mundo persegue. Nesse sentido, a anomia é provocada pela coexistência contraditória de valores de igualdade (todo mundo pode ter sucesso) partilhados por todos e de uma estrutura social que se mantém profundamente desigual, no sentido de que nem todos os indivíduos dispõem dos mesmos recursos.

Os sociólogos do desvio da escola de Chicago voltam a colocar em questão a ideia, onipresente na perspectiva adotada por Merton, de que as sociedades possuiriam normas coletivas uniformes que cada membro teria feito suas. Em contrapartida, eles defendem que os indivíduos, situados em certos lugares do espaço social, podem interiorizar normas diferentes das dominantes. A. K. Cohen foi um daqueles que mais claramente privilegiaram o conceito de cultura secundária e subcultura, contra uma tradição mertoniana que se manteve, segundo ele, muito atomista: na teoria funcionalista de Merton, como argumenta Cohen, aquele que se desvia não é descoberto em seu meio social imediato e não parece adaptar seu comportamento comparando-o ao [comportamento] adotado por aqueles que vivem a seu redor. Ora, o grau de frustração (*strain*) sentido depende enormemente da percepção daquilo que podem obter e dos outros objetivos ao redor de si (COHEN, 1965).

Os sociólogos que – recorrendo ao interacionismo simbólico – praticam uma sociologia compreensiva se inspiram nos trabalhos de G. H. Mead, H. Blumer e E. Hugues, e têm promovido a teoria do desvio, chamada teoria da designação (*labeling theory*), propondo assim, a partir dos anos 1950, deslocar o olhar das características dos indivíduos e dos meios para as interações nas quais se encontram inseridos os que se desviam, mas também dirigir a atenção para os mecanismos sociais que farão com que um comportamento seja, em certo momento histórico, considerado como não respeitando as normas dominantes. Segundo uma distinção doravante clássica, haveria duas formas de desvio: um desvio primário, que corresponde ao comportamento não adequado, mas que não seria socialmente percebido, e um desvio secundário, etiquetado como tal pelos organismos de controle social encarregados de regulá-lo (LEMERT, 1951). Uma vez que o desvio, nessa perspectiva, não se constitui uma propriedade intrínseca ao ato desviante, é por essa "reação social" que devemos nos interessar (cf. os trabalhos de Lemert, Goffman, Becker ou Garfinkel), pois é ela que deve ser considerada como o processo principal pelo qual é produzido o desvio (OGIEN, 1995).

No caso dos usos de drogas, em particular, certos representantes dessa vasta tradição de pesquisa vão se inclinar sobre os mecanismos de controle social, produtores de desvio (BECKER, 1963), ao passo que outros vão privilegiar a descrição dos aspectos sociais do consumo de drogas (CUSSON, 1992), dos modos de vida dos usuários e dos toxicômanos (OGIEN, 1992, 2000), e tentar identificar os elementos propriamente sociológicos que se encontram no princípio de sua toxicomania.

A toxicomania: um duplo fracasso de integração? – Como entender que alguém se torne toxicômano? Pois é exatamente o objeto "toxicomania" que primeiramente chamará

2. Sociologia do desvio, uso de drogas e toxicomania

a atenção de certos sociólogos, para quem o uso controlado de substâncias ilícitas não é mais misterioso em certos meios que o de álcool e charuto em outros.

Se grande parte dos trabalhos sobre as drogas e a toxicomania se inscreve numa perspectiva manifestamente interacionista, são raras as teorias, como a desenvolvida por Cloward e Ohlin, que fogem de tal tradição. Em sua célebre obra *Delinquency and Opportunity* (1960), eles tentam dar continuidade à teoria funcionalista da anomia, desenvolvida por Merton (1957), ao mesmo tempo em que a criticam. Como pudemos ver, Merton supunha que um sentimento poderoso de frustração pode conduzir os sujeitos sociais a utilizar meios ilegais para conseguir alcançar os objetivos que todo mundo persegue; mas ele afirmava que isso também pode levá-los a pensar no futuro e na própria situação sem esperança, achando que eles dificilmente sairão dos "guetos" que os isolam do resto da sociedade (BIERNACK, 1986). Para se adaptar à sombria percepção que têm de sua situação, eles podem ser tentados, como pensa Merton, a adotar um comportamento evasivo (*retreatism adaptation*), especialmente a toxicomania, evasão que manifesta a renúncia a utilizar os meios legítimos, mas também ilegítimos (mesmo se o uso é proibido), assim como a abraçar as aspirações valorizadas pela sociedade.

Cloward e Ohlin (1960) retomam certos resultados de um trabalho precursor que Finestone (1957) tinha feito com os jovens negros usuários de heroína, o qual sugere que eles são indivíduos que só encontraram seu espaço social no uso de drogas (OGIEN, 2000). Explorando mais a fundo a pista traçada por Merton, Cloward e Ohlin (1960), também interpretam a toxicomania como uma forma de evasão, mas adiantam que esta resulta mais precisamente de um duplo fracasso de integração, no mundo "normal" e no da criminalidade (OGIEN, 2000). Eles argumentam, sobretudo, que os toxicômanos por eles estudados muitas vezes foram delinquentes ou criminosos antes de serem drogados, não tendo, portanto, resistências preliminares a integrar-se no mundo da criminalidade, ao contrário do que supunha Merton. Eles simplesmente não conseguiram fazê-lo. Lindesmith e Gagnon (1964) criticarão essa posição defendendo que essa teoria da gênese da toxicomania generaliza injustamente aquilo que não passa de um caso particular; assim, eles observarão que a delinquência nem sempre procede da toxicomania: se essa hipótese eventualmente se revela plausível para certos casos de jovens moradores de zonas urbanas menos favorecidas, ela parece pouco convincente quando se consideram as toxicomanias desenvolvidas por indivíduos socialmente integrados ou por médicos que utilizaram produtos opiáceos que eles mesmos prescreviam.

Como alguém se torna drogado ou toxicômano?

Reconhecer os efeitos e associá-los ao consumo de substância – Lindesmith (1938, 1947) é um dos primeiríssimos sociólogos a priorizar a questão da gênese da toxicomania relativa aos opiáceos, abraçando firmemente uma perspectiva da sociologia compreensiva. Nesse quadro, ele se interessa pelas vivências dos usuários e pelos significados por eles atribuídos a suas experiências, a seus comportamentos e aos comportamentos das pessoas com as quais interagem. Apoiado em suas primeiras pesquisas por H. Blumer, Lindesmith (1938) delimita como seu objetivo compreender por que certos pacientes hospitalizados por longos períodos, aos quais são administrados remédios opiáceos no tratamento para dor, e que são claramente dependentes (*habi-*

2. Sociologia do desvio, uso de drogas e toxicomania

tuated), de um ponto de vista físico, não tentam voltar a tomar os mesmos remédios ou outros opiáceos e não se tornam toxicômanos (*addicted*) ao sair do hospital. Ele tece um raciocínio que Becker descreve como "indução analítica" (BECKER, 2002) e que consiste em explicar um fenômeno (nesse caso a ausência de toxicomania) descrevendo as etapas e os processos que conduzem a esse mesmo fenômeno (resultado) e modificando as hipóteses principais sempre que um caso está em desacordo com elas. Nessas condições, Lindesmith estabelece que: 1) os pacientes em questão se tornam dependentes; 2) apresentam os sintomas da abstinência quando cessam o tratamento; 3) porém, não os interpretam como resultando da privação de opiáceos, nem se consideram toxicômanos. Ao contrário, atribuem as perturbações ligadas à abstinência a um estado de fadiga ou a outro estado patológico, bastante normal quando se deixa uma longa hospitalização. Entretanto, aqueles que estabelecem um elo entre a crise de abstinência e o consumo de determinada substância, atribuindo para si uma nova identidade de toxicômanos, se tornam necessariamente toxicômanos (LINDESMITH, 1947). Então, adotam os comportamentos adequados (uso sistematizado da substância, modo de se comportar com os outros etc.) àquilo que consideram exigido por sua nova identidade. Por fim, os toxicômanos que são levados a retomar o uso de opiáceos não o fazem porque estão tentando reproduzir os prazeres proporcionados por esses produtos, mas sobretudo para tentar banir os sintomas particularmente dolorosos da abstinência (excitação, irritabilidade, insônia, dores musculares, enjoo, vômitos etc.). Desse último ponto as críticas mais eficazes trataram, como a de Biernacki (1986), que a vontade de acabar com os sintomas da abstinência não é o único motivo a levar à adição, de modo que a busca pela euforia continua sendo a motivação essencial.

O raciocínio de Lindesmith, que pode parecer trivial ao primeiro olhar, não foi objeto de outras críticas que voltaram a colocá-lo fundamentalmente em causa, apesar de algumas tentativas (GRUPP, 1969; GORDON e MCAULIFFE, 1974). Sólida e original, essa teoria tem duas consequências sociológicas importantes, cuja constituição revela a inspiração dada por G. H. Mead aos trabalhos de Lindesmith. A primeira é que, para se tornar toxicômano, é preciso aprender a reconhecer os efeitos dos produtos (aprendizagem), de modo que a ação farmacológica das substâncias não pode ser a única variável explicativa dos comportamentos de dependência. Assim, é preciso que o uso do produto seja realizado com a finalidade *consciente* de neutralizar sintomas de desconforto e mal-estar. A segunda é que convém reconhecer-se e fazer-se reconhecer como toxicômano para sê-lo: ser toxicômano não é simplesmente consumir produtos com a reputação de tirânicos, mas também incorporar os significados culturais (BECKER, 1967) ligados ao consumo de opiáceos. Em outras palavras, os efeitos psicológicos da droga só atuam no psiquismo e na vida social de uma pessoa a partir do momento em que ela os reconhece e incorpora no quadro das representações coletivas mobilizadas pelo grupo para descrever esses mesmos efeitos e definir as condições adequadas para atingi-los (LINDESMITH, 1938).

A interação no coração da análise – Cressey e Volkmann (1963) vão fazer da interação uma das chaves dos comportamentos de adição. Eles tomam como base a teoria do crime desenvolvida e sintetizada na obra *Princípios de criminologia* (SUTHERLAND e CRESSEY, 1966). A teoria de Sutherland, conhecida como teoria da "associação diferencial", define que o comportamento criminoso é aprendido em grupos restritos,

2. Sociologia do desvio, uso de drogas e toxicomania

cujas normas partilhadas são desfavoráveis à lei. Ele parte do princípio de que os processos de aprendizagem e de socialização em curso no mundo do crime não são diferentes dos que regem os meios sociais mais comuns. O objetivo principal que o anima é compreender por que – questão pouco abordada por Merton – nem todos os indivíduos que evoluem nas mesmas condições adotam comportamentos delinquentes. Ele fará do envolvimento no crime um comportamento aprendido na interação social de proximidade, dentro de pequenos grupos, pressupondo a aquisição de habilidade e de "técnicas" para o crime ou a delinquência como também para racionalizações, mudanças e atitudes favoráveis à violação da lei. Aplicando os ensinamentos dessa teorização, Cressey e Volkmann (1963), sobre a base de 52 entrevistas a toxicômanos que tiveram acompanhamento médico especializado, observam que os indivíduos que se tornaram dependentes fizeram parte de grupos que valorizam o desrespeito às leis e promovem valores favoráveis à criminalidade e à delinquência. Para ajudá-los a "libertar-se", deve-se agir sobre as relações sociais que os drogados [*drogués*] mantêm entre si. O grupo social no qual está inserido o indivíduo, a força das interações que nele se estabelecem e os valores que sua cultura particular promove (com seu sistema de sanções e retribuições) são centrais nos processos que levam à adição, como também nos processos que permitem libertar-se dela.

Aprendizagem, controle social e engajamento na carreira – O desvio como produto da interação social também é premissa de Howard Becker. Considerando de modo mais efetivo o contexto social que envolve o uso de drogas do que o próprio Cressey, salientando que os usuários em potencial aprendem o que devem aprender dos usuários experientes, além de estar marcado pelos trabalhos de Lindesmith: Becker encarna por excelência o sociólogo interacionista dos usos de drogas. Enquanto músico de *jazz* (pianista), ele se desenvolveu num universo em que o uso de drogas é comum. Esperando poder produzir uma "variante da teoria" de Lindesmith (BECKER, 2002), que tratava principalmente dos consumos de opiáceos, optou por estudar o consumo de maconha. Numa obra que se tornou de referência (1963), mas também num artigo menos conhecido, ele desenvolve uma teoria singular do consumo de maconha, apoiando-se nela para elaborar, de modo mais abrangente, uma teoria do desvio que servirá de inspiração para um número considerável de sociólogos e estudantes de sociologia.

Ao fim de suas pesquisas de campo (mediante observação participante), ele confirma os resultados de Lindesmith sobre a aprendizagem necessária, que compreenderia, em sua opinião, três etapas principais: aprendizagem das técnicas de consumo pelas quais se otimiza a produção dos efeitos psicoativos; aprendizagem dos modos de percepção dos efeitos procurados, os quais são suficientemente "sutis" para não ser percebidos por aquele que não aprendeu a reconhecê-los, e reconhecimento de que os efeitos são produto do uso; por fim, aprendizagem do gosto pelos efeitos alcançados, em que o gosto pelas sensações provocadas pela maconha é, como no caso das ostras ou do Martini Dry (BECKER, 1963), socialmente adquirido. É preciso que o consumidor experimente várias vezes o produto e seja iniciado por aqueles que sabem para que comece a emergir a ideia de que ele pode usar maconha com finalidades de recreação e prazer. É preciso que ele saiba identificar, no fluxo das sensações que estão nele e que

2. Sociologia do desvio, uso de drogas e toxicomania

não são de todo agradáveis, quais têm a ver com o efeito do produto e caracterizam a experiência, valorizada pelo grupo, de estar "stone" (*stoned*). Becker chega, finalmente, à conclusão de que a motivação para o consumo se constrói no curso de uma experiência social, em vez de a preceder, ao contrário do que pressupõem as teorias da predisposição psicológica.

Como mostrarão posteriormente Zimmerman e Wieder (1977), o consumo coletivo de maconha é guiado por uma infinidade de tipos de norma e ritual que normatizam e organizam o uso: 1) espera-se dos que possuem maconha a atitude de partilhá-la; 2) o cigarro ou o cachimbo deve circular, independentemente da ocasião ou da pessoa que deu o primeiro "trago"; 3) fumar junto convida a partilhar outras atividades, como discutir por um momento, ir ao cinema ou tocar uma música (obrigações sociais); 4) sob a condição de haver disponibilidade do produto, deve-se fumar tanto quanto se desejar: cada um pode ficar tão *stoned* quanto quiser, conforme ditam também as regras de sociabilidade e de hospitalidade relativas à comida e à bebida. Todas essas regras e normas constituem uma cultura do consumo de maconha que regula o uso e os modos de uso, e que é adquirida pela experiência, ao fim de um percurso de iniciação e de socialização nos grupos de consumidores.

Becker conceitualiza a experiência social de "fumar maconha" numa perspectiva sequencial, como uma carreira, por analogia em relação ao mundo profissional: de um ponto de vista objetivo, a trajetória do usuário é composta de passagens sucessivas de uma posição a outra (iniciação, uso ocasional, uso regular), cujo encadeamento não tem nada de mecânico, nem de necessário. No entanto, essa trajetória depende das escolhas que o consumidor estabelece em cada uma das etapas, inclusive a de abandonar o consumo, em função de circunstâncias cambiantes e das relações sociais que ele mantém com um grupo desviado. De um ponto de vista subjetivo, Becker observa que a pessoa que se desvia deve aprender, por meio do contato com outros desviados, a justificar sua prática desviante; no caso do uso da maconha, para poder iniciar-se no consumo, a pessoa precisa ter suplantado, ao menos em parte, as reticências culturais que condenam (violentamente, nessa época) esse uso. À medida que progridem em sua carreira de desviados, os indivíduos sentem a necessidade de racionalizar a escolha que fizeram e, no caso das drogas, de explicitar os motivos de seu consumo. O vocabulário que utilizam então para descrever sua motivação é o mesmo que aprenderam pelo contato com os outros desviados. Essa busca de justificativas pode conduzi-los a redefinir sua identidade social. Assim, a designação pública, que coloca o indivíduo desviante numa situação em que é reconhecido pelos outros pelo prisma principal de seu desvio, comporta consequências significativas em termos de redefinição da imagem que se tem de si. A entrada num grupo desviante estabilizado tem como consequência a adoção de uma identidade desviante e a formação de racionalizações pelas quais o grupo poderá justificar (um "sistema de autojustificação") a legitimidade de sua atividade e fornecer ao desviado "razões sólidas" para continuar sua prática, tanto quanto o sentimento de partilhar um destino coletivo. Ao longo de suas carreiras, os desviados aprendem a distanciar-se das categorizações desagradáveis e reprovativas, a abandonar certas relações sociais, sobretudo as que os vilipendiam por sua prática, e a pensar positivamente essa experiência fora da norma. Assim, os desviados fazem a experiência de uma "carreira normal".

2. Sociologia do desvio, uso de drogas e toxicomania

Becker (1985) diz claramente em *Outsiders*: tornamo-nos desviados quando a etiqueta de desviados nos foi aplicada com sucesso. O desvio não é uma característica do ato em si, mas o produto da aplicação de normas que foram instituídas por uma sociedade e da administração de sanções previstas em tal situação. Nessas condições, convém também estudar os processos políticos e sociais pelos quais essas normas são (re)criadas e compreender como esses "construtores de moral", em nome de valores apresentados como universais, se mobilizam e conseguem proibir ou regulamentar, de um ponto de vista jurídico particular, certos comportamentos, certas práticas ou atividades (cf. cap. IV). O desvio, portanto, é o resultado contingente de uma interação entre um grupo social que edificou normas a ser respeitadas e aqueles que as transgrediram e continuam a transgredi-las.

Ainda que criticada – por Duprez e Kokoreff (2000), por exemplo, que põem em dúvida se é possível aplicar uma teoria como essa a todos os produtos e a todos os tipos de consumo, indistintamente –, a teoria de Becker recebeu recentemente uma validação estatística, método quantitativo do qual – ironia da história! – ele convidava a desconfiar (1963). Peretti--Watel (2001) pretende discutir a teoria de Becker pela análise dos dados numéricos que documentam as passagens entre as três fases da carreira do fumante de maconha: uso de iniciação, uso ocasional e uso regular. Ele começa salientando, com o apoio dos números, que as duas condições que devem ser reunidas para que o usuário se inicie no consumo – a disposição em experimentar e a disponibilidade do produto – são hoje satisfeitas, na medida em que essa droga hoje se "banalizou" e as reticências normativas contra seu uso estão bem enfraquecidas. Em seguida, ele mostra que os dados quantitativos existentes permitem supor que essas duas condições não atuam do mesmo modo em todas as etapas da carreira: a presença de consumidores por perto, favorecendo a iniciação (e o aprendizado) e dando aos fumantes ocasionais oportunidades suplementares de consumir, é certamente menos decisiva para o fumante regular que teve de aprender a se abastecer sozinho. Enfim, Peretti-Watel (2001, p. 16) confirma o fato de muitos jovens de hoje terem aprendido a racionalizar sua prática, afirmando pessoalmente que podem controlar seu consumo e que essa droga não causa dependência, de modo que souberam inverter a "relação entre desvio e normalidade", pois "todo mundo fuma maconha nos dias de hoje".

O uso de drogas como modo de vida e atividade social comum

Ainda que, como observa Castel (1992), nenhuma teoria social geral abarque perfeitamente todos os comportamentos associados a todos os produtos, não é preciso renunciar a considerar que o "toxicômano também é um sujeito social" (CASTEL, 1992, p. 8). Seu consumo participa de um modo de vida, apresentando características similares a outros modos de vida (existência de tradições, códigos, normas de comportamentos etc.), e o toxicômano desenvolve competências sociais para evoluir em seu consumo e aprimorar as atividades ligadas a ele.

Tal é a intuição que habita uma vasta série de trabalhos sociológicos, principalmente americanos. Preble e Casey (1969), num estudo que será determinante, também colocam em questão a perspectiva desenvolvida por Merton ou Cloward e Ohlin, segundo a qual a toxicomania seria uma forma de evasão. Num artigo cujo título resume bem o conteúdo,

2. Sociologia do desvio, uso de drogas e toxicomania

Taking Care of Business, e a partir do rico material empírico (150 entrevistas) que Preble constituiu ao percorrer os bares e as ruas de quatro bairros pobres de Nova York, eles mostram que as atividades de busca e obtenção de drogas comportam inúmeros riscos, e que elas implicam dominar técnicas elaboradas para reduzi-los (saber evitar de ser roubado, despistar os educadores ou médicos com quem se tem contato, evitar as batidas policiais etc.). É preciso também tornar-se cliente de um bom traficante, administrar bem o próprio dinheiro e o tempo e consumir em condições que garantam a própria segurança. O toxicômano não é aquele indivíduo social que se imagina deitado em sua cama, gozando por horas a fio da euforia causada pelo produto consumido ou vagando como pobre diabo, sem eira nem beira, pelas calçadas das grandes cidades. Na realidade, ele é muito mais um ator "comum" (OGIEN, 1992), que possui sólidas competências de empreendedor, em busca de uma vida que tenha sentido (*meaningful life* [KNIPE, 1995]).

Se ser toxicômano requer organização e habilidade, essa atividade se desenvolve frequentemente num universo social estruturado, que tem suas regras e hierarquia. Feldman (1968, 1973), tendo como base o estudo de toxicômanos em sua comunidade de origem (*slums*), desenvolvido entre 1958 e 1962 no bairro do Lower East Side, em Nova York, também se faz a pergunta lancinante que atormentará todos os sociólogos: como compreender que só alguns daqueles que se encontram nas mesmas condições se tornam toxicômanos? Ele acredita poder encontrar a resposta no estudo minucioso dos universos sociais em que esses indivíduos se desenvolvem e nos quais se define o que é aceitável e o que não é, onde também se institui a distinção entre as atividades passíveis de obter uma posição de prestígio e as que representam o risco de perdê-la. Assim, ele insiste sobre a importância que envolve a reputação nas turmas de jovens e sobre o papel que certos valores/qualidades representam nesse contexto: dureza, facilidade para correr riscos, força mental, capacidade de controlar o medo diante da polícia ou de enfrentar um destino doloroso e difícil. Há os que exibem tais qualidades – os *stand-up cats* – e os outros, "pobres" (*chicken, square, faggot,* ou ainda *punk*) que são ridicularizados, quando não explorados. De acordo com Feldman, não é possível entender o uso de drogas sem levar em conta o fato de que ele se insere num tecido de relações normatizadas e hierarquizadas. Desse modo, ele estabelece que consumir certas drogas, por mais vilipendiado e reprimido que seja esse ato, e consumi-las de certa maneira (sem perder o controle), é, para os jovens que ele estudou, o meio de outorgar-se um *status* valorizado na hierarquia social das ruas. Conquanto Gordon e McAuliffe (1974) considerem que Feldman não levou em conta a importância da euforia no interesse dos *stand-up cats* por esse produto, ele conclui que a droga mais valorizada é a heroína, cujo risco é maior para o usuário. O uso de drogas remete, assim, a "obrigações significativas da vida social" (OGIEN, 1992, p. 65).

Todas essas pesquisas mostram, longe das imagens do senso comum, toxicômanos se extenuando na realização de inúmeras atividades organizadas, nutrindo redes mais ou menos estáveis de relações, adotando um estilo de vida com seu lote de obrigações sociais (HANSON *et al.*, 1957), mas também repleto de períodos de excitação, tendo acumulado uma infinidade de tipos de competência para atingir os objetivos desejados, e representando papéis sociais que reconhecem como seus e que são reconhecidos pelos outros (STEPHENS, 1991).

2. Sociologia do desvio, uso de drogas e toxicomania

Gestão, racionalidade e ética

Autocontrole do consumo

Mesmo sendo verdade que as camadas populares e menos favorecidas dos grandes centros urbanos suscitaram inúmeros trabalhos – particularmente os realizados pelos sociólogos norte-americanos da escola de Chicago e pelos interacionistas (possivelmente respondendo nisso a uma demanda social mais "interessada" pelos problemas das "classes" e dos bairros difíceis [FAUGERON e KOKOREFF, 2002] do que pelo que ocorre com as "pessoas sem problemas") –, certos sociólogos chamaram a atenção para consumidores socialmente menos "visíveis", mais bem integrados, pertencentes às classes sociais médias ou elevadas, para chegar à seguinte conclusão, que permanece uma evidência mal partilhada: o problema das drogas não se limita às fronteiras dos guetos e dos bairros periféricos.

Muitos sociólogos recomendam que se leve em conta a diversidade dos usos e dos meios nos quais se realizam esses usos, a fim de romper com o modelo "marginalidade/heroína/exclusão" (FAUGERON e KOKOREFF, 2002), prisma redutor através do qual todos os tipos de consumo, de todos os tipos de produto, foram durante muito tempo considerados. A sociologia da droga, com efeito, contribuiu largamente para revelar a existência de formas de consumo controlado, inclusive de produtos tidos como "incontroláveis", como a heroína.

Os estudos das "populações escondidas" (BIERNACKI, 1986; MORGAN, 1996; GRANFIELD e CLOUD, 1996), ou seja, as que não estão em contato com a administração sanitária ou social, a justiça ou a polícia e cuja parcela significativa pertence às classes média e alta, revelarão um aspecto essencial: existem drogados [*drogués*] que sabem gerir o próprio consumo, que frequentam o mundo da droga sem permanecer nele por muito tempo, e conseguem realizar as atividades principais de uma vida social comum (como exercer uma profissão, educar os filhos, manter uma vida conjugal etc.). Esses estudos mostram que a vida dos consumidores de drogas, sem exceção dos usuários de heroína, nem sempre apresenta as características ordinariamente associadas à vida daquele que se define pejorativamente como *junkie*. Esses estudos tornam aparente o fato de que esses indivíduos são capazes de flexibilizar o próprio nível de consumo, chegando, inclusive, a fazer interrupções significativas no uso, quando as vicissitudes de suas vidas cotidianas assim exigem (falta de dinheiro; dificuldade de acesso à droga, em decorrência do sumiço do traficante conhecido; obrigações sociais ou viagens etc.).

Zinberg (1974) chegou à seguinte conclusão: o consumo constante não é necessariamente uma atividade desregulada, que foge ao controle de um toxicômano que se entregaria compulsivamente a usos tão repetidos quanto desesperados. Pelo contrário, ele é firmemente acompanhado por regras e rituais que servem para prevenir os usos descontrolados, perigosos e de alto risco, como também favorecem usos espaçados no tempo. Muitos usuários desenvolveriam mecanismos de autocontrole do próprio consumo, regulando as modalidades de uso, tanto quanto as maneiras de se comportar com os outros (CASTEL e COPPEL, 1991). Perder o controle do próprio consumo, aliás, é um comportamento muitas vezes sancionado (baixa autoestima, experiência de ser deixado de lado pelos colegas, desprezo expresso pela família, reprovação social etc.) pelo grupo no qual está inserido o indivíduo (JAMOULLE, 2003). A maconha, por exemplo, só vem a ser uma "droga"

2. Sociologia do desvio, uso de drogas e toxicomania

para os usuários a partir do momento em que o sujeito não procura mais ter domínio sobre a autoimagem que ele produz, adotando comportamentos e atitudes comumente tidos como de "viciados" (AQUATIAS, 1999). E Zinberg concluirá que a toxicomania só caracteriza a situação dos indivíduos que perderam o controle do próprio consumo.

Toxicomania e racionalidade

Eis certamente o maior desafio que certa sociologia propõe ao senso comum: conceber o toxicômano como um ator racional. Mas também é com muitas outras abordagens que essa sociologia disputa a capacidade de poder explicar de maneira satisfatória as dependências de produtos psicoativos: aquelas que, como a psicanálise, consideram que os toxicômanos são movidos por forças psíquicas inconscientes (BERGERON, 1999) e fazem do comportamento humano em geral e da toxicomania em particular a consequência de causas (psíquicas, afetivas, passionais etc.) que não são racionais (ENGEL, 2007). Essa abordagem racional da toxicomania, representada na economia pelo prêmio Nobel G. Becker, ou na filosofia por D. Davidson, encontra na sociologia seu representante mais ilustre na pessoa de J. Elster.

Ao lado da teoria da escolha racional *stricto sensu*, Elster e Skog (1999) enumeram pelo menos oito tipos de abordagem que partilham o mesmo princípio: os comportamentos são causados pelas razões que os indivíduos envolvidos têm para agir, e resultam de um cálculo estratégico de maximização da utilidade pessoal. Perspectivas que consideram a adição como o resultado de um eu dividido (Davidson), passando por aquelas da aprendizagem social, dos recursos cognitivos e chegando àquela da influência social, têm em comum, segundo eles, a particularidade de fazer da adição e, portanto, da toxicomania a consequência provável de escolhas racionais repetidas de consumo que podem ser estudadas em termos de estruturas de recompensas e de informação dos agentes.

De maneira geral, a teoria da escolha racional, numa versão mais leve em relação ao que ela é em economia, há muito tempo influenciou a sociologia do desvio e a criminologia. Segundo Hirschi (1986), podem-se encontrar traços dessa abordagem já nos trabalhos de Merton: com efeito, é possível reler suas conclusões esclarecendo que os indivíduos em situação de anomia tendem a escolher meios ilegais para satisfazer seus desejos quando consideram que os benefícios da realização de atos de delinquência são superiores a seus custos. Mas pode-se também descobrir tal influência nas teorias do controle social, nas quais os atores sociais avaliam tanto as vantagens quanto as desvantagens das diferentes possibilidades de ação, legais e ilegais, escolhendo as que otimizam sua satisfação. Finalmente, para Hirschi (1986), as teorias do controle social e a da escolha racional devem ser vistas como complementares: se as teorias do controle social tendem a voltar mais a atenção para a questão do envolvimento no crime e as atividades desviantes, a da escolha racional se interessa mais particularmente pela opção de cometer tal ato criminoso ou desviante, em vez de qualquer outro. Aquelas olham para o crime; estas para a criminalidade.

Essas perspectivas "estratégicas" ou racionais ultrapassam o modelo único da escolha racional, exclusivamente centrado na noção de racionalidade instrumental (BOUDON, 1998), a fim de compreender teorias tão diferentes quanto a análise estratégica, a teoria das oportunidades, a teoria da escolha racional, evidentemente, mas também a teoria econômica do crime (CUSSON, 1992). Portanto, elas partem da ideia de que o ato desviante é uma escolha que resulta da apreciação comparada dos benefícios e dos custos ligados seletivamente a diferentes opções de ação. Em seguida, com vistas a compreender as especificidades do tipo de desvio estudado, elas voltam a atenção para as circunstâncias que afetam essas atividades estratégicas de comparação (CUSSON, 1992). Por fim, elas empregam um princípio chamado "simetria das explicações" (que a maioria dos sociólogos que consultamos até aqui adota igualmente), em virtude do qual as ações desviantes devem poder ser compreendidas por intermédio do mesmo dispositivo explicativo que se mobiliza para as ações conformes. Assim sendo, se muitos comportamentos (de ordem econômica, ou relativos ao consumo, à escolha de cônjuge etc.) podem ser explicados pelo viés das escolhas racionais que fazem os atores sociais em situações cujas características é preciso explicitar, não deve haver razões para que não seja assim com comportamentos delinquentes ou desviantes.

Bennett (1986) certamente está entre os que levaram o mais longe possível a utilização desse quadro de análise. Tendo como base a entrevista de 135 indivíduos, divididos em seis amostras diferentes, num estudo que realizou entre 1982 e 1984, ele mostra que as escolhas e decisões dos indivíduos considerados representam um papel-chave nos processos de iniciação, continuação e cessação do consumo. Embora reconheça que as pesquisas de Becker atribuem um papel decisivo às significações endossadas pelos atores sociais, ele critica neste último o fato de não prestar maior atenção aos processos de decisão em si mesmos, processos que são, entretanto, cruciais na explicação sociológica dos usos. Bennett apresenta, assim, os resultados de seu estudo: 1) a maioria das pessoas estudadas começou a consumir essas substâncias com um amigo, e não, como muitos acreditam, por injunção de traficantes; 2) a maioria dos usuários confessa ter tomado a decisão de iniciar-se na prática antes da data efetiva de experimentar, e explica que tomou a decisão conscientemente, esperando a oportunidade propícia à realização dessa experiência. Assim, essa decisão deve ser considerada, adianta Bennett (1986), como o fruto de uma deliberação. A primeira das razões invocadas é a curiosidade; a segunda consiste em querer fazer como os amigos ou conhecidos, seja para se sentir mais bem integrado no grupo, seja para dividir essa experiência com pessoas próximas, seja para atender ao desejo de tornar-se membro da comunidade de usuários; 3) a adição leva tempo para se instalar (pelo menos um ano para a maioria das pessoas entrevistadas). Bennett (1986) não identifica nada de compulsivo ou inevitável nos relatos de iniciação narrados pelos usuários; 4) mesmo quando se tornam dependentes, os indivíduos são capazes de controlar o próprio consumo. Há, inclusive, os que interrompem o uso durante dias, semanas ou mesmo anos. Alguns decidem parar de usar opiáceos quando essa prática perturba manifestamente sua capacidade de se divertir ou se opõe significativamente a sua atividade profissional. Assim, equilibram o consumo e sua frequência em função dos custos e benefícios que, a certa altura, ele engendra em suas trajetórias; 5) entre as razões para continuar, pouquíssimos mencionaram a necessidade de evitar a dor ligada à crise de abstinência. Suas razões são mais positivas que essa: eles simplesmente gostam de usar droga; 6) as razões da interrupção são mais diversas: encontro de um parceiro estável, casamento ou espera de um bebê.

2. Sociologia do desvio, uso de drogas e toxicomania

As conclusões lhe parecem evidentes: a toxicomania deve ser compreendida como um processo intencional, que permite o controle do uso, e as razões que presidem a interrupção nada têm a ver com uma desintoxicação bem-sucedida (à qual geralmente chegam por si mesmos, estando mais certamente relacionadas às mudanças que ocorrem em seu estilo de vida e que tornam a abstinência ao mesmo tempo possível e desejável. Portanto, há que se olhar a toxicomania pelo prisma particular da teoria da "escolha racional", e não sob a ótica da patologia individual ou social. Essas perspectivas, demasiado deterministas, são incapazes de explicar as variações do uso, na escolha do produto e das doses no tempo.

Pharo (2006) desenvolve uma abordagem semelhante, de tipo individualista, embora emancipando-se do campo estrito da escolha racional e recorrendo a outras perspectivas, inclusive a outras disciplinas (a filosofia, como também a neurobiologia). Após um "excursus" filosófico das doutrinas platônica, aristotélica e epicurista, e constatando o fracasso da sociologia em explicar de maneira satisfatória o fenômeno, ele enfatiza a importância de se levarem em consideração os avanços da pesquisa neurobiológica sobre a questão, como também a existência de mecanismos neurofisiológicos comuns ao conjunto das adições. Mas tal progresso não desqualifica o papel da sociologia da explicação. Pelo contrário, é importante estudar as dimensões subjetiva e normativa (a "causalidade ética") da "escolha prática individual" quando esta responde aos "impulsos" orgânicos e aos desejos de usar a droga. Há nisso uma tentativa original, inclusive inédita, de conciliar abordagens naturalistas e fenomenológicas, que parece tanto mais justificada, segundo ele, pelo fato de que, se a toxicomania é definida hoje como uma "doença do cérebro" (PHARO, 2007), sabe-se que é possível deixá-la após um trabalho reflexivo, no qual o indivíduo reconsidera sua experiência para deixá-la.

Para começar, ele propõe completar a consideração das utilidades da escolha racional, que não devem se limitar, segundo ele, aos prazeres, mas compreender igualmente as motivações morais dos atores sociais. Se o comportamento aditivo muitas vezes atormenta seu ator, é também porque este não se satisfaz, de um ponto de vista moral e da estima que ele tem de si, com a constatação de que continua a se drogar enquanto gostaria de parar. Em seguida, ele constrói um modelo formal a partir de quatro dimensões essenciais, uma vez que constitutivas do sistema de escolha individual e, portanto, capazes de representar um papel determinante no percurso do usuário: o julgamento [*jugement*], a vontade, o exercício da liberdade e o sentimento que o sujeito tem de si mesmo. O julgamento sobre os prazeres é fundamental. Ele resulta do exercício "mais ou menos consciente ou deformado" (em função da informação de que dispõe o sujeito, de recursos cognitivos ou de exigências morais) da faculdade racional dos indivíduos. A vontade é o segundo elemento do modelo. Esta deve normalmente estar de acordo com o julgamento. Mas, no caso dos usos de drogas, o sujeito pode agir contra seu melhor julgamento e contra a vontade dele decorrente. Nesse caso, haveria uma fraqueza da vontade. Atribui-se ao exercício da liberdade, em seguida, a capacidade de registrar a "escolha efetiva" do sujeito. Essa escolha prática pode levá-lo a mudar seu julgamento ou ir contra sua vontade. Por fim, o sentimento que o sujeito tem de si mesmo designa sua capacidade autorreflexiva e, particularmente, a estima que ele tem (ou não) de si. Esse sentimento é fundamental no modelo proposto por Pharo, já que pode agir sobre todos os elementos do sistema (podendo

2. Sociologia do desvio, uso de drogas e toxicomania

estar na origem da reforma do discernimento, por exemplo), à medida que os indivíduos toleram ou não a incapacidade de fazerem o que querem fazer e a própria incoerência.

Os quatro primeiros casos de sua modelização [*modélisation*] formal manifestam uma situação na qual o melhor discernimento é o de abster-se de consumir: 1) se a pessoa quer abster-se e abstém-se efetivamente, a atitude interna é de temperança; 2) se a pessoa não quer se abster, mas se abstém, a atitude interna em questão é de autocontrole; 3) se a pessoa quer se abster, mas mesmo assim acaba consumindo, trata-se de uma atitude de intemperança; 4) se a pessoa não quer consumir e não consome, a atitude interna é descrita como uma atitude de moderação. Essa modelização não tem outra finalidade senão a de ajudar a compreender os diferentes estados subjetivos que balizam a trajetória dos indivíduos, quando são confrontados pela tentação de consumir substâncias químicas. Como vimos, a autoestima e os esforços empreendidos pelo indivíduo para "ser aquilo que ele gostaria de ser" estão no coração desse modelo e das diferentes posições que ele descreve. Segundo Pharo (2006, p. 77), essa modelização permite revelar o trabalho do discernimento, da vontade e da liberdade "para manter, com maior ou menor êxito, o uso dos produtos nas proporções compatíveis com a autoconservação, a felicidade e a autoestima, que aparecem como os comportamentos de base de uma ética do controle ou da interrupção". Mas, como ele mesmo afirma, para compreender melhor a dinâmica da causalidade ética, é preciso levar em conta a "potência causal da experiência do prazer", que certamente dá origem a formas positivas da autoestima, mesmo quando essa experiência está em contradição com o que é o melhor discernimento para o indivíduo. Ele estabelece, assim, que a abstinência não está necessariamente associada a uma alta autoestima e, inversamente, que a dependência não está obrigatoriamente ligada a um sentimento de vergonha. O prazer pode "engrandecer", em certas condições, as escolhas do sujeito, mesmo se a abstinência ou outras experiências negativas podem produzir sentimentos de baixíssima autoestima. E ele conclui que o esgotamento moral (causalidade ética) em querer incessantemente restabelecer a autoestima é o mais seguro motor da interrupção do consumo.

Como deixar as drogas?

A interrupção do consumo. Esse é o ponto de partida privilegiado por toda uma série de pesquisas científicas que, mesmo sem inscrever-se estritamente no modelo da escolha racional, levam a sério (como Weber sugere que se faça) o sentido visado pelos atores ao realizar uma atividade social e as razões de suas escolhas e de seus atos. Ogien (1994) resume bastante bem todo o interesse que há em estudar essa dimensão da experiência dos toxicômanos: o simples fato de evocar a saída da toxicomania constitui uma "ruptura com o senso comum". Se é verdade, como demonstram inúmeros estudos (LERT e FOMBONNE, 1989), que grande parte dos toxicômanos deixa de sê-lo depois dos 35 anos (proporção estimada em 70%), é exatamente porque, como enfatiza ainda Ogien, eles são capazes de tomar distância em relação ao que se tornaram e à vida que estão levando, de modo que, ao fazer isso, reconhecem sua experiência como infeliz, desinteressante, vazia etc. "Trabalhar a saída da toxicomania é, portanto, conceder *a priori* uma faculdade cardeal ao toxicômano: a do julgamento" (OGIEN, 1994, p. 60). Os modos de saída da toxicomania são variáveis, como mostram Duprez e Kokoreff (2000), no caso do estudo dos meios populares, e dependem verossimilmente dos diferentes significados atribuídos às diversas substâncias, em diferentes contextos, e os modos de vida que as caracterizam (FAUGERON e KOOREFF, 2002). Podemos imaginar com facilidade que um analista financeiro de um grande banco, abastado, bem posicionado, não recorre ao mesmo tipo de ajuda que a que foi procurada pelo viciado em heroína e morador de rua para livrar-se da dependência. Embora a igualdade de acesso aos meios para desintoxicar-se seja pouquíssimo garantida, esses estudos revelam processos semelhantes.

Um dos estudos mais instrutivos sobre essas experiências de abandono do vício é certamente o realizado por Biernacki (1986). Esse autor, de orientação interacionista simbólica, começa sua obra descrevendo a vida de um toxicômano que nunca deixou o emprego, traficou muito pouco, nunca foi delinquente e cujo estilo de vida correspondia – entra ano, sai ano – ao de um integrante da classe média. Ora, esse indivíduo conseguiu deixar o vício. E conseguiu fazê-lo por conta própria, sem ajuda de profissionais da saúde, situação essa que manifesta aquilo que se designa como "saída natural" (*natural recovery* [WALDORF e BIERNACKI, 1981]). Como entender tal possibilidade? Depois de ter entrevistado uma centena de ex--toxicômanos, ele define a saída como um processo pelo qual se constrói, e em seguida se estabiliza, uma nova identidade pessoal e social. Biernacki (1986) parte do princípio de que cada indivíduo desenvolve e abriga, dentro de si, várias identidades, em maior ou menor harmonia umas com as outras. O consumidor intensivo de substâncias é aquele cuja identidade de toxicômano domina todas as outras, ao mesmo tempo social (modo pelo qual ele é visto e se apresenta aos outros) e simbolicamente (modo pelo qual ele se define e considera aquilo que ele é). A saída se realiza ao fim de um processo no qual o ex-toxicômano conseguiu reduzir a importância da identidade de toxicômano na definição que tem de si mesmo e se constituíram, progressivamente, outras identidades, sendo que algumas novas puderam surgir e outras que já existiam, porém estavam sufocadas, se reafirmaram. Assim, alguns chegam a nunca mais se sentir toxicômanos. Outros, ao contrário, ainda que se comportem como abstinentes há mais de anos, continuam a se sentir como eram, mesmo se tendem a dar menos importância a essa identidade que por muito tempo os definiu por completo. Ele observa que a resolução de deixar a droga é tipicamente precedida por experiências dolorosas e crises existenciais. Opera-se, então, o que ele compara a uma conversão, que pode levar certos sujeitos a abraçar uma carreira numa comunidade religiosa ou num grupo político. Entre os que não haviam se envolvido completamente no mundo da toxicomania e do desvio, a decisão de parar é tomada quando a continuidade da experiência se torna definitivamente incompatível com os outros engajamentos sociais que desejam manter. Nesse sentido, pode-se considerar que aquilo que por vezes se chama de capital social representa um papel muito importante nos processos de remissão: participar de uma rede social bem-estabelecida, poder contar com o apoio da família ou encontrar realização pessoal em outros campos coletivos (profissional, beneficente, político, esportivo etc.) seriam alguns elementos que potencializam as chances de libertação. É o que confirmarão Granfield e Cloud (1996), munidos de 46 entrevistas com antigos toxicômanos provenientes da classe média e que conseguiram deixar o vício, a maior parte dos quais sem intervenção profissional: nas con-

2. Sociologia do desvio, uso de drogas e toxicomania

clusões de seus estudos, eles salientam a importância da existência dessas "vinculações" sociais, que permitem ao sujeito não se envolver inteiramente na subcultura da droga.

Stimson e Oppenheimer (1992), por sua vez, identificam quatro tipos essenciais de motivos que justificam a interrupção do consumo: a ocorrência de fatos que convidam a um reexame da situação de toxicômano, como a perda do emprego, o início de um namoro em que o consumo se torna insustentável etc.; o envelhecimento, que faz o toxicômano tomar consciência de que essa prática o coloca em oposição a indivíduos e a um modo de vida com os quais não tem mais muitas afinidades; a extinção dos prazeres e da euforia; e, por fim, a conscientização de que a prática toxicomaníaca é uma atividade de risco para a saúde (vírus da Aids, degradação corporal etc.), a vida social (brigas, conflitos familiares etc.) ou a liberdade (medo de ir para a prisão). Stimson e Oppenheimer também salientam, como havia feito Biernacki, que o toxicômano, no caminho da saída do vício, deve inserir-se em outros universos que não o das drogas (universos profissionais, familiares ou sociais), restabelecer laços com o universo da normalidade e tentar constantemente reavaliar a influência de seus comportamentos, de suas relações sociais e de sua identidade sobre essa progressiva transformação (OGIEN, 1992).

Na trilha dos trabalhos de Biernacki, Castel (1992) concebe igualmente a cessação do uso como produto de um trabalho de "reconceitualização da experiência", empreendido por um indivíduo para o qual a toxicomania e a droga compunham a "linha biográfica" dominante, em que grande parte de sua existência organizava-se em torno do uso, da procura e da compra do produto. Mediante transformações progressivas, num processo por eles apontado como "exercício de racionalidade" (OGIEN, 1992), o significado da experiência se modifica e a sedução que ele exercia se atenua. Os toxicômanos recorrem a uma "reordenação aceitável das linhas biográficas que compõem, juntas, [sua] existência" (OGIEN, 1992, p. 255). Eles passam a reconhecer, aos poucos, a anormalidade de seu modo de vida passado e tentam reconquistar um lugar no interior do "mundo ordinário". Descobrem "boas razões" para deixar a experiência conhecida, razões essas que justificam a seus próprios olhos tal exercício de transformação interior, mas que também são compreensíveis e aceitáveis pelos outros. Nesse sentido, os toxicômanos vivem exatamente uma "carreira moral", que vai da entrada à saída da toxicomania. Essas pesquisas sociológicas, como finalmente enfatiza Ogien (1992), situando-se sob a ótica do ator, deram um "conteúdo preciso" às hipóteses defendidas por outras disciplinas (como a epidemiologia) ou pelos profissionais da saúde, sobre o papel dos laços e engajamentos sociais como fatores de proteção ante os riscos de toxicomania ou como condições favoráveis à interrupção da experiência.

Conclusão

A sociologia dos usos de drogas e da toxicomania se revelou principalmente como uma sociologia da experiência social dos usos e da toxicomania (OGIEN, 1992). Ela se recusou, para explicar, a adotar uma perspectiva mais quantitativa – encarnada, entre outras, pela pesquisa epidemiológica –, estabelecendo relações estatísticas significativas entre variáveis independentes e condutas. Isso foi feito ao se deslocar progressivamente o olhar das características da organização e das estruturas sociais para os contextos de usos (e as sub-

2. Sociologia do desvio, uso de drogas e toxicomania

culturas que aí se formam) e os modos de vida dos usuários e dos toxicômanos. Dedicando-se a analisar os processos e mecanismos geradores dos fenômenos pelos quais se interessava, a produzir um corpus concreto, que permita por si só ligar causalmente variáveis dependentes e independentes, a sociologia preferiu, finalmente, adotar uma atitude essencialmente compreensiva. Para esse fim, ela permitiu-se encontrar os meios, pela entrevista e/ou a observação etnográfica, para descobrir os significados das atividades sociais, nas interações que as tornam possíveis, pelo fato mesmo de as envolverem, e em seu contexto social de realização.

Agindo assim, ela contribuiu para demolir certo número de ideias preconcebidas, cuja formação certamente não está desvinculada da difusão e vulgarização dos resultados das pesquisas feitas pela medicina, psiquiatria ou psicologia, por muito tempo dominantes no mercado das teorias etiológicas dos usos e das toxicomanias de substâncias psicoativas ilícitas. Segundo Ogien (2000), três teses principais se viram assim fragilizadas, para não dizer falsificadas: 1) a primeira delas diz respeito à onipotência dos efeitos farmacológicos das substâncias e suas capacidades pressupostas de subjugar indivíduos predispostos a se tornar toxicômanos. De Lindesmith a Becker, passando por Biernacki, Castel e Ogien, os trabalhos sociológicos mostram a importância, nos processos de iniciação, continuação ou interrupção, dos fenômenos de percepção e da capacidade para o autocontrole e o discernimento demonstrada por aqueles que consomem drogas. Essas conclusões contestam, assim, a validade das teses psicológicas da predisposição, mas pretendem também questionar o sentido dos trabalhos recentes da neurobiologia. Sem deixar de considerar, de maneira bem conjetural, que as predisposições psicológicas, uma estrutura psicopatológica subjacente ou um funcionamento neurobiológico específico podem suspender, em intervalos, seu temível poder de dominação dos comportamentos. Esses trabalhos enfatizam igualmente a importância do papel representado pelo contexto de uso de drogas, variável frequentemente ignorada na compreensão dos mecanismos que determinam o consumo de drogas e sua interrupção: o famoso exemplo que descreve a cessação maciça geral dos usos de drogas pelos soldados norte-americanos de volta ao país depois das campanhas durante a guerra do Vietnã ilustra bem isso; 2) a segunda é a tese da evasão ou da fuga da realidade: realizando atividades organizadas, estabelecendo relações significativas com os indivíduos que compõem seu universo, abraçando o modo de vida singular ligado ao universo da droga, ao ponto de nele ser, em certos casos, mais dependente que de costume do produto consumido (WILLIAMS, 1989), o toxicômano, se muitas vezes deixou "o mundo da normalidade", nem sempre fica reduzido a seu universo pessoal; 3) a terceira quer que o toxicômano seja aquele que perdeu o controle de sua vontade e que não é mais responsável por seus atos. Aqui ainda, esses estudos contribuem com um corpus que desmente a tese da irresponsabilidade e da servidão total às substâncias consumidas. Ware *et al.* (2005) mostram, por exemplo, que os usuários de drogas e os toxicômanos não são significativamente diferentes dos outros pacientes quando se trata de seguir um tratamento, nem menos responsáveis quando sua saúde está em jogo (COPPEL, 2002). A essa lista já bastante rica convém acrescentar outros elementos: nem todos os usuários se tornam dependentes, como salienta Johnson (1978), que observa que, depois de dois anos de iniciação na heroína, somente a metade dos usuários se tornava dependente e

2. Sociologia do desvio, uso de drogas e toxicomania

menos da metade se torna dependente por muitos anos. Ele também demonstra – num estudo referente a uma amostra de 3.500 alunos universitários da região de Nova York (1973) – que não é tanto o uso intensivo da maconha quanto o envolvimento na venda do mesmo produto e a inseparabilidade, nessa ocasião, dos usuários e fornecedores de heroína que explicam com maior exatidão a passagem do consumo de drogas conhecidas como "leves" para as drogas chamadas "pesadas". Esses resultados põem novamente em questão o modelo simplista de escalamento.

Deve-se insistir também sobre a "revelação" constituída pela descoberta da existência de "populações escondidas". Considerar tal fenômeno em sua diversidade, como também em sua amplitude (ORGAN, 1996), permite que finalmente se compreenda a que ponto a figura do *junkie* degradado que se impôs no espaço público, essa caricatura "rotinizada" (conforme expressão de Hunt) na origem de inúmeras políticas, escondeu por muito tempo "o elefante que ninguém vê" (GRANFIELD e CLOUD, 1996). A sociologia da droga inclinou-se, sem benevolência alguma, sobre o papel do prazer nos processos de iniciação, de continuação, mas também de interrupção (nesse caso, sua extinção), ponto cego de inúmeras pesquisas em medicina ou em psicologia (com exceção do comportamentalismo) e assunto frequentemente ignorado quando se trata de falar dos problemas relativos a droga e toxicomania no espaço público.

3

DROGA, DELINQUÊNCIA E CRIMINALIDADE

Se o senso comum nutre tristes e negras representações a respeito do toxicômano, do drogado e da "praga chamada droga" em geral, é certamente porque esses vocábulos estão, de modo praticamente sistemático, associados à miséria, à precariedade, à decadência social e à delinquência de qualquer natureza (agressões, roubos, tráfico, incivilidades, prostituição etc.), temáticas de uma atualidade chocante, que saturam o debate público, como também as orientações das políticas públicas sobre o assunto.

Pobreza, economia subterrânea e resistência

Numa recensão sem precedentes da literatura científica de várias tradições disciplinares (antropologia, sociologia, criminologia, economia, mas principalmente epidemiologia), Sanfaçon *et al.* (2005) redigem uma lista impressionante dos prejuízos e problemas sociais associados ao uso de drogas: delinquência e criminalidade, economia subterrânea e pequenos tráficos, falta de segurança, corrupção, exclusão social, precariedade e prostituição, baixo desempenho escolar, dificuldades familiares, problemas de inserção profissional, acidentes de trabalho e acidentes durante o lazer. A síntese dos resultados dessas pesquisas estabelece que os prejuízos ligados ao uso são aumentados quando: 1) a idade das primeiras experiências é inferior à idade média de iniciação; 2) os usuários precoces experimentam uma variedade de substâncias maior que a média; 3) aquele que consome apresenta dificuldades pessoais e sociais (personalidade agressiva, pobreza etc.); 4) os consumidores são objetos de intervenções da justiça penal, sobretudo ao viverem episódios de privação da liberdade.

Mas como desembaraçar o chumaço de laços que existem entre importância relativa dos prejuízos sociais, comportamentos de usos ou características dos usuários? De modo particular, ao ler essas conclusões, deve-se considerar que os usos mais precoces que a média estão na origem de um aumento da exclusão ou é a precariedade inicial que provoca usos mais precoces? A prática delinquente é responsável pelo uso, desde muito cedo, de uma variedade maior de produtos ou o contrário? Nem sempre é fácil ler corretamente esses resultados de pesquisas, sobretudo da pesquisa epidemiológica, como bem demonstrou Peretti-Watel (2004) no caso dos comportamentos de risco.

Grandes conjuntos urbanos, subúrbios menos favorecidos, precariedade e usos de drogas

Sanfaçon *et al.* (2005) também observam que não é fácil sintetizar as conclusões dos trabalhos, por eles elencados, sobre os laços existentes entre o que eles chamam de "precariedade econômica" e o uso de drogas e as toxicomanias, na medida em que esses fatores raramente são objetos de estudos por si

3. Droga, delinquência e criminalidade

mesmos e muitas vezes nada mais são do que uma variável independente entre outras, assim como o sexo, a idade, a origem étnica etc. Todavia, os sociólogos que se debruçaram sobre as evoluções recentes ocorridas nos grandes centros urbanos das periferias das grandes cidades da Europa e Estados Unidos, quer interessados especificamente quer não pelas drogas, não deixaram de vincular classes e condições sociais dos jovens habitantes desses universos precários e fragilizados e usos de drogas. Assim, Dubet (1987) concebe a toxicomania ou o uso intensivo de drogas como um modo possível (ao lado da entrada na delinquência profissional) de saída daquilo que ele chama de "buraco": este se caracteriza pela ausência de trabalho ou de ocupações, com exceção de alguns pequenos trabalhos informais, da prática ocasional de atividades delinquentes e, sobretudo, de laços sociais fluidos, pouco estruturados, que não têm nada a ver com a estrutura social das gangues estudadas pelos sociólogos da primeira escola de Chicago. Esses jovens parecem circular entre várias lógicas que não "se cristalizam como projetos ou subculturas" (DUBET, 1987, p. 282). A desorganização e ausência de regulação provocam a "raiva" que impede a constituição de uma "racionalidade delinquente". Esses jovens não sabem transformá-la em conflito, como fizeram as gerações precedentes no movimento operário. Eles se introduzem "progressivamente" no "buraco negro", sem poder se dedicar duravelmente a uma lógica de ação, qualquer que seja. Levados pela "espiral destrutiva" do buraco, alguns podem ser tentados a mergulhar na dependência, tentativa desesperada de uma definição biológica de sua identidade.

Essas conclusões sugerem que nem todos os usos de produtos psicoativos procedem de uma lógica de multiplicação da individualidade (como defende Ehrenberg) e/ou do desenvolvimento de uma cultura jovem, "baladeira", hedonista. Lagrange e Mougotov (1997) também pensam a respeito disso: apoiados pelos resultados de uma pesquisa interdisciplinar [*multicentrique*] realizada em 1995 com 1.703 usuários de drogas injetáveis, divididos entre os que começaram seu uso antes de 1988 e os que começaram depois, eles observam a existência de uma "demora" na passagem da maconha para a heroína e de um envelhecimento da idade da primeira injeção. Para eles, esses fatos manifestam um retardamento consequente da entrada na toxicomania. Como explicar esse fenômeno quando se sabe que a toxicomania cresce na França nessa época? Eles adiantam, a título de explicação, que as práticas recreativas ou os usos controlados e a toxicomania tendem a se dividir em duas formas de consumo distintas, que concerniriam a dois tipos de populações diferentes. Segundo eles, os indivíduos dos meios sociais privilegiados e da "boemia" viriam hoje aumentar menos as fileiras dos toxicômanos do que antes. Doravante, são os que vivem em conjuntos urbanos menos favorecidos, os que fazem a experiência do "buraco" ou do "desenraizamento", que constituem a parcela mais significativa dos novos toxicômanos. Manifestando muito mais um recurso numa trajetória de derrota, ligada ao desemprego ou à perda do emprego, a toxicomania não corresponde mais a uma tentativa de exploração de si – "etapa liminar entre a adolescência e a idade adulta" (LAGRANGE e MOUGOTOV 1997, p. 296) –, que antigamente era realizada por aqueles que enfrentavam a aurora preocupante da idade adulta. As origens e características desses "novos injetores" tendem a ser as de indivíduos provenientes do meio operário e dos grupos sociais mais pobres, vivendo muitas vezes em comunidade e expostos a todo tipo de riscos sanitários (vírus da Aids e da hepatite C,

3. Droga, delinquência e criminalidade 81

superdoses etc.). Lagrange e Mougotov, por isso, consideram que tais pessoas formam um "grupo social" separado do resto da sociedade. Desse modo, eles reafirmam – contra as conclusões de uma sociologia que havia descoberto "populações escondidas" de toxicômanos bem posicionados – o valor da distinção entre a massa dos que consomem às vezes intensivamente produtos como heroína, mas não conhecem essa situação de exclusão, e esse conjunto, atualmente maior, de toxicômanos em situações sociais e sanitárias particularmente desastrosas. Os anos 1990 é o palco do desenvolvimento de consumos pesados, sobretudo de heroína, entre os jovens das periferias pobres, toxicomania essa que parece responder, sobretudo, a uma crescente marginalização econômica (Duprez e Kokoreff, 2000). E estamos no direito de fazer a seguinte pergunta: se abordamos exatamente a mesma toxicomania lá e aqui, como pode haver um tom de certos trabalhos sociológicos?

Se a pobreza, a perda do emprego, o desemprego etc. parecem ser condições propícias para o desenvolvimento de uma "toxicomania de pobreza", os sociólogos insistem também na frequente degradação causada de volta por essa adição aos que são menos providos de capitais sociais e econômicos. Jamoulle (2000), por exemplo, que pesquisou usuários e ex-usuários de drogas nos bairros de uma grande cidade da Bélgica, relata a existência de percursos ao longo dos quais a situação dos usuários se degradou de modo sensível e veloz, degradação frequentemente devida a problemas com a justiça ou qualquer outro acontecimento doloroso. Bouhnik (2007), ao fim de uma pesquisa de campo considerável (sobre a base de observação, em Paris e nas cidades da região metropolitana, durante cerca de 15 anos), descreve como os toxicômanos das ruas, sob vigilância constante no espaço público, se sentem "presos fora". Os policonsumos de substituição (álcool misturado com remédios psicotrópicos, como os ansiolíticos, por exemplo) são moeda corrente e certos toxicômanos, ignorando os avisos de prevenção, se veem constrangidos a correr riscos, sobretudo ao partilhar suas seringas. Disso resulta uma degradação de sua saúde, tanto quanto de sua situação social e econômica, confirmando a tese de uma precarização para essa parcela de consumidores de heroína.

Uma forma de resistência de populações dominadas?

Stephens (1991) mostra em que os "drogados das ruas" (*street addicts*) podem ser considerados como produtos de zonas urbanas que oferecem aos que nelas nasceram poucas oportunidades de ocupar posições sociais e carreiras profissionais no "mundo de fora" (*outside world*). O uso de heroína, como também ocorre entre os *stand-up cats* estudados por Feldman, é algo valorizado. Mas não é tanto para afirmar o caráter viril de alguém que sabe usar uma substância considerada perigosa que os *cool cats* de Stephens a consomem. O uso lhes daria, de fato, uma forma de dignidade e o sentimento de pertencimento a uma comunidade. O que ele designa como síndrome dos *cool cats* é essa atitude antissocial de rejeição, fundadora de um sentimento de identidade coletiva, daqueles que não pertencem ao grupo que vive na rua.

Se a busca de dignidade e de um sentimento de pertencimento está no princípio do uso de heroína entre os indivíduos que Stephens (1991) estudou, Bourgois (1992; 2001), num estudo etnográfico magistral, se interessou pelo sentimento de

3. Droga, delinquência e criminalidade

respeito em busca do qual trabalham os vendedores de *crack* porto-riquenhos do El Barrio, em Nova York. Morando nesse bairro com a mulher porto-riquenha e o filho, Bourgois realizou um trabalho de campo consequente durante cinco anos. Ele estudou particularmente os vendedores de *crack*, também consumidores, e quis avaliar a contribuição da economia clandestina e da cultura da rua – especialmente o tráfico de drogas e a toxicomania – para a formação dos processos históricos de marginalização social e econômica dos bairros que já possuem longa história de pobreza e criminalidade. Apoiado pela tradição crítica da antropologia urbana, ele retrata, em descrições tão sutis quanto comoventes, as práticas de uso de *crack* nas *crack houses* e os episódios que pontuam a vida dos toxicômanos/vendedores, episódios protagonizados por múltiplos atores, como os intermediários, os vendedores (*pitcher*, termo usado no *baseball* para aquele que arremessa a bola) ou os corredores (*runners*, outro termo do *baseball*, que designa aqueles que levam a droga aos lugares em que é cortada e embalada para os vendedores de rua). Descobrem-se também assim os ambientes de rua, a espera em fila indiana para ser atendido pelo traficante ou as estratégias e atitudes para evitar as forças de ordem (BOURGOIS, 1992).

Dito isso, a droga não o interessa por si mesma, mas pelo que ela significa e provoca. A tese que ele defende é forte: se a sedução do tráfico é evidente demais para se extirpar de uma situação econômica desastrosa e permite que não se tenha de aceitar empregos pouco qualificados, na maior parte das vezes manuais, degradantes e extenuantes, ele afirma que essa dimensão econômica está ligada a outra, ideológica e cultural. No universo social que ele estudou, as motivações econômicas são acompanhadas por motivações culturais e raciais, formando-se aí uma cultura singular, que se opõe à cultura burguesa norte-americana, a dos brancos. O desenvolvimento de uma economia de serviços, substituindo uma economia que por muito tempo se manteve basicamente industrial, é um fator decisivo de reforço dessa cultura. A participação em uma economia de serviços pressupõe que o indivíduo aceite submeter-se às exigências da cultura dos brancos. Ora, o que prescreve a cultura de rua em El Barrio está exatamente do lado oposto das exigências disciplinares da sociabilidade burguesa que presidem as interações sociais entre empregados e superiores hierárquicos. A virilidade do homem porto-riquenho pouco se adéqua à submissão pública, tão esperada. Não entrar no jogo das obrigações e dos códigos sociais que aí prevalece é expor-se aos riscos da rejeição, da zombaria, da humilhação e da expulsão.

Nessas condições, os habitantes do Barrio preferem o mundo e a cultura da rua, onde podem recobrar um sentimento de respeito e orgulho, tanto quanto encontrar os meios para sua subsistência econômica. A partir dessa perspectiva, a vida e a economia da rua constituem um modo de resistência, decerto custoso e destrutivo (homicídios, brigas, falta de segurança e certamente toxicomania), ao racismo e à dominação econômica e cultural da sociedade burguesa americana. Essa "opressão" é redobrada pela pressão dos próprios membros da comunidade, que não repudiam a existência de relações conflituosas e violentas entre si. Esse aspecto é essencial para que se possam compreender os mecanismos de marginalização que atuam no Barrio: "Por toda parte, na história e no mundo, as vítimas (prisioneiros ou oprimidos) colaboram por meio das formas mais bárbaras para a própria tortura" (BOURGOIS 1992, p. 77). Em sua análise, Bourgois pensa juntas as formas de opressão estrutural e de marginalização social que

3. Droga, delinquência e criminalidade

pesam sobre esses bairros e a maneira pela qual os indivíduos respondem a isso. Essa ação individual, ao mesmo tempo em que torna possível sobreviver, participa da autodestruição da comunidade. A leitura da obra ajuda, assim, a relativizar o valor de estudos que adotam uma perspectiva da sociologia compreensiva, quando, orientando o olhar unicamente para a identificação das boas razões dos atores em certos bairros, eles se esquecem de levar em conta a contribuição decisiva das formas estruturais de dominação à explicação do uso de drogas, da toxicomania e do tráfico de substâncias ilícitas.

Usuários-vendedores, traficantes e mercado da droga

Profissionalização, carreiras e modos de vida dos protagonistas do tráfico

Inúmeros estudos definem que certos toxicômanos ou usuários praticam atividades de tráfico com a finalidade de manter o consumo pessoal. Nos bairros pobres das grandes metrópoles, a entrada no mundo do tráfico possibilita o financiamento do uso e a obtenção dos meios para a própria subsistência ou dos produtos de consumo. Além disso, ela também é um meio de integração no interior de um universo organizado e hierarquizado, regulado por valores e códigos específicos, que oferece a possibilidade de conseguir *status* e chegar a posições sociais cobiçadas. A esperança de subir as escalas hierárquicas da distribuição de drogas cria veleidades de ascensão social que, ao se realizar, contribui para a formação de um sentimento de satisfação e prestígio (JOBARD e FILLIEULE, 1999). Para certos indivíduos, o prazer e a euforia ligados ao consumo se tornam progressivamente secundários, de modo que os benefícios (subjetivos, como também materiais) da vida no mundo do tráfico se afirmam como razões decisivas das decisões de continuação das práticas criminais (CASTEL, 1992). A participação na economia informal compreende, finalmente, uma dimensão simbólica essencial (DUPREZ e KOKOREFF, 1999), aspecto muitas vezes desconhecido (ou ignorado) pelos atores da política pública e pelo grande público.

Certos autores salientam a existência de um processo de profissionalização de certos traficantes e de certos tráficos (DUPREZ, KOKOREFF e WEINBERGER, 2001). Tal processo passaria – como muitos processos de profissionalização, mas de maneiras diferentes, de acordo com as substâncias consideradas – por: 1) uma forte divisão do trabalho (divisão que não exclui a mobilidade de pessoal entre as diferentes funções); 2) uma estruturação complexa da distribuição de um para outro; 3) atividades de gestão dos fluxos financeiros; 4) lavagem do dinheiro obtido, do domínio das operações logísticas (estocagem, despacho, divisão dos produtos entre a "força de venda" etc.) e 5) exercício e capitalização de técnicas criminais e delinquentes. Descrevendo a divisão do trabalho particularmente desenvolvida do tráfico de cocaína, e relatando a jornada típica dos revendedores do Harlem, que aspiram a uma vida de prazeres muitas vezes comuns, Williams (1989) observa como esses revendedores de drogas se desdobram para garantir serviço e venda de qualidade, capazes de conquistar--lhes a confiança dos clientes (embora outros autores, como Reuter, por exemplo, mostrem que a trapaça também é prática corrente) e muito mais. Tudo isso depois que a concorrência no mercado dos entorpecentes intensificou-se e endureceu consideravelmente nos anos 1980, quando uma droga de baixo custo, o *crack*, obrigou os traficantes de cocaína a reorganizar

3. Droga, delinquência e criminalidade

seu método e sua "força de venda". Tornando-se verdadeiros empreendedores, dotados de qualidades e competências que são celebradas na economia lícita, os traficantes, os pequenos traficantes e sua cadeia de pequenos revendedores participam de um universo social complexo e estruturado, mas frágil e de rápida transformação (ver mais abaixo).

Entretanto, a profissionalização de certos tráficos e a possibilidade de obter lucros altos e um *status* valorizado não devem mascarar a persistência de fortes desigualdades entre os protagonistas da economia ilícita. Seguindo uma tradição interacionista, a partir de um rico material acumulado por meio de observações e entrevistas a usuários/revendedores e profissionais nas regiões metropolitanas de Lille [Norte da França] e Paris, Duprez e Kokoreff (2000) se propõem identificar e compreender as carreiras de usuários e revendedores, situando-os no contexto das subordinações que pesam no mercado das drogas, como também no contexto da concretização de políticas públicas locais de repressão dessas práticas ilícitas. Quando se tem interesse particular pelas carreiras de tráfico, descobrem-se as fases que pontuam as trajetórias, da entrada à prisão, no caso de ser pego pela polícia. A necessidade de encontrar fontes de financiamento de um uso cada vez mais exigente leva muitos jovens a ingressar na "carreira", começando, assim, um modo de vida que eles têm dificuldade para deixar. Levando em conta que a categoria "traficante" descreve uma população heterogênea, indo do pequeno usuário/revendedor ao "mandachuva" invisível e intocável, Kokoreff e Duprez chamam a atenção para um fato pouco conhecido: os pequenos usuários/revendedores de derivados da maconha, nas cidades, não ganham somas de dinheiro consideráveis, mas na maior parte das vezes apenas complementares a atividades profissionais lícitas (SANFAÇON *et al.*, 2005), de modo que não têm um grande patrimônio, vivem modestamente, ao contrário do que o senso comum costuma pensar, mesmo se o consumo ostensivo é prática frequente. Como Jamoulle (2003) observa, esse tipo de venda, de pequeno tráfico, é apenas uma das estratégias possíveis para compor uma situação econômica ilícita e desfavorável. Tentando realizar na economia ilícita os valores de desempenho, firmeza e senso de iniciativa valorizados na economia lícita, aqueles que se encontram na ponta da cadeia de distribuição, à imagem dos revendedores de cocaína de Williams, querem ser os "melhores" e mais "eficazes", ser "fortes de mentalidade" (JAMOULLE, 2003). Querem sua parte de sucesso numa economia em que, além das drogas, tudo se vende, tudo se compra ou se troca. Todavia, como no caso da economia lícita, poucos deles se tornam bem-sucedidos, conseguindo subir os degraus da organização do tráfico. Muitos se mantêm como "assalariados do tráfico" (DUPREZ e KOKOREFF, 2000). A vida com a qual sonham – que Duprez e Kokoreff descrevem como uma vida de "jogador" que frequenta festas badaladas, dirige automóveis de luxo e se veste com roupas de marca, ou a vida de Marx, grande revendedor consideravelmente enriquecido, acompanhado por Williams –, só uma minoria experimenta.

Alguns trabalhos norte-americanos apresentam o modo de vida experimentado por certos usuários/revendedores como excitante. Adler (1985) retrata com força de detalhes, numa obra exemplar do ponto de vista da riqueza das observações e do material acumulado, a vida dos grandes revendedores, igualmente usuários, de cocaína e de maconha, no Sul da Califórnia. Ela descreve, unindo-se a Williams nesse ponto, como o tráfico que se realizava nos anos 1960 parece pacífico em comparação com aquele que se constituirá nos anos 1980 e que é então caracterizado por uma competição afiada entre negociantes e grupos rivais num mesmo território. Derrubando a ideia comumente aceita da causalidade segundo a qual o uso de drogas produz o estilo de vida (ela considera, ao contrário, que é a busca de certo modo de vida que implica o uso de drogas), ela expõe um modo de vida cheio de atividades, todas ligadas à droga, de risco, de efusão e de "emoções". As atividades criminosas ou delinquentes para obtenção das drogas, o tráfico, as noitadas, a liberdade das práticas sexuais, a vida de grupo comporiam um modo de vida materialista e hedonista do qual muitos não querem abrir mão. Desses trabalhos, segundo Cusson (1998), pode-se tirar a conclusão importante de que certos usuários/revendedores são verossimilmente menos dependentes das substâncias que consomem, sobretudo a cocaína, do que do estilo de vida a elas associado.

Estrutura dos mercados de droga

A estrutura e a dinâmica dos mercados de droga, as questões ligadas ao equilíbrio da oferta e da procura ou os mecanismos que determinam a formação dos preços, para não citar mais do que esses temas, são problemáticas que caem manifestamente na jurisdição da disciplina econômica e não se deve aqui tentar esboçar uma síntese dos resultados da pesquisa sobre esses assuntos (KOPP, 1997; REUTER *et al.*, 1990). Isso não quer dizer que não possamos apresentar alguns elementos de conhecimentos que alguns trabalhos que se interessaram pela estrutura dos mercados de droga (e por algumas de suas dinâmicas) conseguiram revelar. Para começar, Cusson (1998) adverte que o mercado da droga é um mercado muito imperfeito, por três razões principais: 1) o acesso a esse mercado não é livre, pelo fato de que os custos de entrada (prisões, brigas, roubos etc.) podem ser considerados, pela maioria dos cidadãos, quer sejam clientes quer empreendedores, como proibitivos; 2) a informação relativa aos preços e à qualidade dos produtos, em seguida, não é muito transparente e aí se encontra um obstáculo maior ao exercício da perfeita concorrência; 3) enfim, ele observa que se lida com uma clientela singularmente cativa e que é difícil conquistar mercados sem correr riscos importantes. As mudanças de fornecedores também não implicam um trabalho livre de sujeições.

Apesar dessas "imperfeições", as lógicas da economia legal e da economia ilícita não são tão diferentes para inúmeras pesquisas, pelo fato de que as formas de organização que presidem a troca entre as partes possuem muitas semelhanças (DUPREZ e KOKOREFF, 2000): relativa sensibilidade (embora ainda pouco estudada) dos consumidores aos sinais do mercado (e particularmente à mudança de preços, KOPP [1997]); organização da comercialização (em certos casos somente); divisão do trabalho e distribuição funcional dos papéis dos atores do tráfico (importador, grossista, distribuidor, ponto de venda para pequenas quantidades do produto, *manager*, encarregado da segurança, contador etc.); importância da reputação (ADLER, 1985) e da confiança na formação das redes de venda, mas também no estabelecimento de transações regulares com os clientes etc. Embora essas características não permitam compreender perfeitamente o funcionamento do tráfico e do mercado de droga (ADLER, 1985) e seja difícil fazer generalizações tendo como base resultados produzidos por pesquisas etnográficas (SANFAÇON *et al.*, 2005), elas per-

3. Droga, delinquência e criminalidade

mitem que se perceba a existência de uma estruturação social, que dissipa a imagem de uma economia e de um mercado anárquicos, governados somente pelas leis da intimidação, da violência e do caráter cativo de uma clientela dependente.

Entretanto, nem todos os tráficos conhecem um forte grau de estruturação social e profissional. Sanfaçon *et al.* (2005), com efeito, enfatizam a variabilidade das formas de organização existentes; eles mostram que muitos tráficos estabelecidos em bairros pobres devem, sobretudo, ser concebidos como microtráficos, à medida que são menos profissionalizados, muitas vezes centrados na venda de uma única substância (cocaína, heroína, maconha etc.) e se constituem por iniciativa de alguns empreendedores, geralmente provenientes de minorias étnicas (porto-riquenhos, mexicanos, afro-americanos, asiáticos etc.). Na maior parte das vezes, o mercado de *crack* e cocaína dá lugar a uma violência considerada "sistemática" (homicídios), que é utilizada como uma "estratégia de controle social" num território a cujo controle as forças da ordem e a justiça teriam renunciado (BROCHU e SCHNEEBERGER, 2001). Ainda de acordo com Sanfaçon *et al.*, o mercado da maconha conhece uma morfologia mais fragmentada (grande quantidade de pequenos revendedores) que o da cocaína e da heroína, ao passo que o mercado da heroína seria mais "aberto" (transações que ocorrem em lugares públicos, por exemplo) que o da cocaína e da maconha. A organização que preside esses pequenos tráficos, de modo particular o da maconha, em aglomerações urbanas menos favorecidas, não teria, assim, nada a ver com aquela que está presente no crime que justamente chamamos de "crime organizado" (máfia, cartel sul-americano etc.) (SANFAÇON *et al.*, 2005) e a oferta aí é "parcamente cartelizada" (KOPP, 1997).

A estruturação dos mercados não é estável e pode sofrer profundas transformações, como haviam salientado Williams e Adler. É o que demonstram igualmente Johnson *et al.* (1990), que analisam a transformação sofrida pelo mercado da cocaína, em Los Angeles, por exemplo, a partir de 1984, com a chegada do *crack* e, depois, com a explosão de seu consumo nos anos 1986 e 1987. Puxados por uma demanda crescente, os negociantes se puseram a comprar quantidades cada vez maiores de cocaína, a partir da qual se fabricam doses mais numerosas de *crack*. A concorrência entre negociantes se acentuou e a pressão da polícia se intensificou. Disso resultaria a necessidade, para os negociantes, de se organizar melhor, de estabelecer redes profissionais, estáveis e confiáveis, recrutar pessoas encarregadas de garantir a vigilância, a segurança dos revendedores e dos lugares de armazenamento, do transporte e da distribuição etc., e, finalmente, de elaborar uma estrutura hierárquica em vários níveis, a fim de poder gerir uma equipe que se tornou mais numerosa. A irrupção do *crack* teria, igualmente, acentuado as práticas violentas e o consumo dos revendedores. A venda dessa droga teria começado a dar mais dinheiro, a atiçar a cobiça e a levar revendedores que até então mantinham atividades profissionais na economia lícita a atuar somente no mercado do *crack*. No espaço de alguns anos, segundo Johnson *et al.*, teríamos passado de uma constelação de redes de pequenos revendedores e negociantes *freelancers* para uma estrutura organizacional mais vertical, associando grupos ou organizações do tráfico.

Finalmente, a diversidade das formas de estruturação dos mercados de drogas e seu grau variável de profissionalização – de acordo com os produtos, as populações neles envolvidas e os motivos que as impulsionam, os contextos, locais de venda e suas características socioeconômicas – e a dinâmica própria de disseminação de certas epidemias convidam a utilizar o termo "tráfico de drogas" com prudência e a tomar consciência de que essa expressão genérica esconde realidades pouco mensuráveis. Levar em consideração essa diversidade ajuda também a compreender por que as estratégias nacionais de luta contra o tráfico e o consumo são pouco eficazes quando permanecem "uniformes" (JOBARD e FILLIEULE, 1999) e não levam em conta essas diferenças.

Droga e delinquência: uma relação controversa

Depois do que acaba de ser dito, seríamos tentados a considerar, de um ponto de vista científico, a relação entre droga e delinquência como não problemática: o uso esporádico de droga, o consumo regular e a toxicomania, em particular, produziriam a delinquência e a criminalidade. Entretanto, a questão não é tão simples assim: droga e delinquência mantêm uma "relação complexa" (BROCHU, 2006). A literatura científica ou obscura sobre esse aspecto é vasta e complicada, sendo essa característica talvez o indicador das dificuldades e desafios com os quais se depara a pesquisa ao se opor a essa problemática. A densidade da pesquisa também aponta para a importância política e social da aposta, sobretudo nos Estados Unidos, grande produtor de estudos sobre o assunto: a definição de uma causalidade certificada entre esses dois fenômenos forneceria um argumento suplementar, possivelmente decisivo, aos partidários de uma linha dura no combate à oferta, mas especialmente na luta contra a demanda de drogas (ainda que a existência de um número maior de argumentos científicos documentando semelhante hipótese causal no caso do consumo de álcool [Pérez-Diaz, 2000; Sanfaçon *et al.*, 2005] nunca tenha sido suficiente para proibir seu uso e venda). Aliás, a suposta causalidade entre droga e criminalidade não precisa necessariamente ser demonstrada segundo os cânones da ciência para que seja instrumentalizada politicamente. A esse respeito, Setbon (1995) observa que os que defendem a opção por uma repressão mais dura aos usuários utilizam essa suposta relação como meio para justificar a legitimidade de uma política de segurança pública que ultrapassaria o alvo dos usuários para mirar no conjunto da sociedade.

É comum se fazer a suposição de que a droga provocaria a delinquência, segundo vários modelos causais (Broch e Schneeberger, 2001): 1) o modelo psicofarmacológico, primeiramente, concebe o uso de substância como sendo capaz de produzir uma infinidade de tipos de efeito, como nervosismo, hiperatividade, irritabilidade, agressividade, ou ainda desinibição. Todavia, a relação entre intoxicação e violência não é suficientemente documentada pela pesquisa, o que também confirmam Sanfaçon *et al.* (2005); 2) o segundo modelo é conhecido como econômico-compulsivo, termo bastante usado, e deve certamente ser substituído pelo de "criminalidade aquisitiva", pois o uso do vocábulo compulsivo se coadunaria com a crença numa tendência incontrolável a passar ao ato para atender um desejo em si mesmo impetuoso (Jobard e Fillieule, 1997). Esse modelo se manifestaria quando os delitos (utilizamos o termo "delito" em seu sentido geral, e não em sua acepção jurídica mais estreita) são cometidos com a finalidade de se providenciarem os meios para obtenção da droga tão desejada; 3) por fim, o modelo sistêmico, segundo o qual os delitos estariam ligados ao funcionamento do mercado da droga e do tráfico, particularmente os homicídios.

3. Droga, delinquência e criminalidade

Evidentemente, esses três modelos não se excluiriam mutuamente. É preciso também fazer a observação de que o uso, a posse, a venda, o tráfico etc. são infrações à legislação sobre os entorpecentes (ILS). O que podemos aprender da pesquisa em ciências sociais sobre essas supostas causalidades? De maneira geral, um número considerável de estudos chega à conclusão de que o vínculo entre droga e delinquência está solidamente estabelecido de um ponto de vista estatístico: muitos delinquentes também seriam usuários (regulares ou toxicômanos) de substâncias ilícitas. Essa constatação de uma grande generalidade não nos informa muito sobre a ordem cronológica de ocorrência desses dois fenômenos e sobre a sequência causal que os ligaria. O importante trabalho de recensão de Sanfaçon *et al.* (2005) nos permite, entretanto, uma primeira abordagem descritiva mais acurada da relação entre as duas variáveis. Convém, assim, fazer uma distinção entre duas populações que com frequência são tratadas separadamente nos estudos. Desse modo, ficamos sabendo que os jovens que apresentam dificuldades sociais, como transtornos de conduta e pouca assiduidade escolar, possuem um consumo mais significativo dessas substâncias ilícitas em comparação à média dos jovens de sua faixa etária. Isso também se pode dizer daqueles que praticam atividades de delinquência notórias. No que diz respeito aos adultos, eles observam primeiramente que a delinquência, com todos os tipos de usuário misturados, permanece mal conhecida. No entanto, pode-se depreender dos estudos analisados que, como se passa entre os jovens, os que são delinquentes reconhecidos consomem mais drogas que os outros (de faixa etária semelhante). De acordo com os produtos consumidos, diferenças de comportamento podem igualmente ser identificadas: os delinquentes que consomem drogas como *crack* ou PCP tenderiam a cometer mais atos de violência, ao passo que os usuários (regulares ou toxicômanos) de heroína, ou os politoxicômanos, estariam mais inclinados a práticas atentando contra a propriedade. Grande número de estudos referentes aos que "frequentam" o sistema judiciário mostram, igualmente, que a maior parte deles é constituída por consumidores, embora esses estudos não nos digam como e por que essas duas variáveis estão ligadas (BROCHU e SCHNEEBERGER, 2001).

Certamente essas conclusões são fragmentárias, ou mesmo frágeis: as definições dos diferentes atos delituosos, bem como daquilo que se entende por uso, não são homogêneas de um estudo a outro, e a autodeclaração nem sempre dá resultados absolutamente confiáveis; sem evocar os estudos que repousam sobre amostras que não se prestam a generalizações, ou aqueles que não respeitam os critérios epistemológicos elementares. Sanfaçon *et al.* se autorizam a enunciar resultados que manifestam uma importância decisiva: se o uso de drogas (regular ou dependente) entre as mulheres tenderia a ser anterior à delinquência, entre os homens, é sobretudo a sequência cronológica inversa que se realizaria: a delinquência precederia o uso. Jobard e Fillieule (1999) afinam essas conclusões: o nível de delinquência dos usuários está de fato mais ligado à existência de uma delinquência anterior e à variável intensidade do que ao uso (regular ou dependente) propriamente dito. Para começar, eles adiantam que a probabilidade de o uso estar associado a uma atividade delinquente é significativamente maior quando os indivíduos revelam ter feito a experiência de uma "socialização caótica" (divórcio, ficar sob a guarda dos serviços sociais etc.). Essa constatação sugere que a delinquência concomitante ao uso pode certamente ser

3. Droga, delinquência e criminalidade

mais bem explicada por outros fatores antecedentes (que não a delinquência antecedente). Em seguida, eles defendem a ideia de que o uso de drogas e a dependência viriam se unir a uma atividade delinquente já presente, mas o grau de intensidade da atividade delinquente do usuário (delinquência forte, média ou fraca) em t estaria ligado ao da delinquência precedente ao uso $(t - 1)$. A conclusão dessas observações se impõe: o uso ou a dependência não é o fator explicativo *principal* da delinquência do usuário e de sua intensidade variável, de modo que a droga mantém muito mais uma "relação de vizinhança" com a delinquência do que uma relação de estrita causalidade (fora as infrações à legislação sobre os entorpecentes). Embora possa provocar a comissão de delitos, a droga não é uma condição nem necessária nem suficiente para isso (BARRE, 1999). Por fim, deve-se salientar que, em alguns casos em que a droga pode ser considerada a causa de uma "criminalidade aquisitiva", esses delitos também são cometidos porque o preço elevado das substâncias, para muitos usuários, não permite prover às necessidades de um consumo exigente. Portanto, a repressão também seria um fator que participa da explicação dos laços entre droga e criminalidade (BROCHU e SCHEEBERGER, 2001).

Como explicar, entretanto, que essa crença seja tão disseminada, senão repetindo que ela serve aos interesses daqueles que se dizem favoráveis a uma repressão maior do uso? Jobard e Fillieule apresentam outra resposta, tão original quanto contraintuitiva: eles mostram que as forças da ordem, sobretudo em razão de objetivos profissionais de eficácia e rendimento, tendem tipicamente a prender usuários delinquentes que não foram muito bem iniciados nas técnicas da delinquência, nas artimanhas que permitem evitar de ser pego durante a prática de delitos, enfim, que não tiveram tempo para o aprendizado necessário. Sendo esses indivíduos exatamente aqueles cujo uso precedeu ou foi concomitante à delinquência, o levantamento dessa regularidade pela polícia nutriria, assim, a crença na preponderância cronológica sistemática do uso de droga. Produzidas pelas forças da ordem no exercício de seu trabalho, as estatísticas revelam muito mais as lógicas e obrigações profissionais próprias à atividade policial do que a realidade da díade droga-delinquência: elas trazem a marca da autonomia do trabalho policial na realização de suas missões e das escolhas seletivas que a polícia opera quanto aos alvos mirados por sua ação de repressão (SETBON, 1995).

Conclusão

Nos bairros chamados "difíceis", das grandes aglomerações urbanas, o papel de uma situação social e profissional desfavorecida na gênese do uso e das toxicomanias esteve no coração de grande parte dos novos trabalhos de sociologia da droga. Pondo em evidência a existência de consumos ligados à experiência do "submundo" ou ingredientes de uma cultura dos guetos e dos modos de vida neles constituídos, muitos são aqueles que insistem igualmente nos fenômenos de precarização consecutivos, de modo que poderia ser necessário aos sociólogos mudar mais uma vez de foco: preocupada em desconstruir crenças de uma opinião pública obscurecida pela figura do *junkie*, a sociologia compreensiva, em particular norte-americana, tinha revelado, nos anos 1960-1980, a existência de grandes massas de consumidores, às vezes dependentes, favorecidos por uma situação social abastada ou pelo menos confortável, e capazes de administrar sua dupla pertença aos mundos da droga e da normalidade. Muitos outros trabalhos, ao contrário, chamam a atenção para uma toxicomania de pobreza, cujas fileiras não cessariam de crescer, e alertam os sociólogos contra a tentação de observar principalmente essas populações escondidas e de se interessar unicamente pelos usos recreativos de substâncias (como a maconha, o *ecstasy*, mas também a cocaína ou as novas drogas sintéticas) consumidas em contextos festivos. Esses usos e essa toxicomania, como argumentam alguns, são de populações isoladas, que elaboram ou recompõem culturas próprias como modos de resistência diante da dominação cultural burguesa de uma sociedade na qual não conseguem crescer e que não lhes oferece oportunidades sociais. Essas conclusões reforçam, assim, a importância da contribuição das formas estruturais de dominação que pesam sobre a gênese e a dinâmica de desenvolvimento desses bairros, e sobre o que a explicação do uso de drogas, da toxicomania e do tráfico de substâncias ilícitas lhes deve.

A sociologia se interessa também pelo tráfico e revela que nem todos os protagonistas dele são profissionais do crime organizado (mesmo se certos tipos de tráfico vivenciaram uma forte profissionalização) e que os pequenos revendedores, muitas vezes consumidores, adotam essa estratégia com dedicação exclusiva ou parcial. Neste segundo caso, ao lado de outras atividades profissionais, numa "economia do saber se virar" (DUPREZ e KOKOREFF, 2000). Sem renunciar ao princípio de neutralidade axiológica, do qual deve se revestir todo trabalho sociológico, eles relatam casos de atores do tráfico que dão demonstração de capacidades estruturadas de organização e de iniciativa e que parecem priorizar um trabalho bem feito, tão valorizado na economia lícita. Aqui ainda se forma um quadro mais complexo. Uniformidade da representação dos usuários e dos traficantes e "heteronomia" (JOBARD e FILLIEULE, 1997) de sua lógica de funcionamento estão no princípio de acepções de senso comum que esses trabalhos pretendem derrubar.

Finalmente, a crença na determinação da criminalidade e da delinquência pelo uso de droga continua a ser um obstáculo maior à formação de uma política pública adaptada. O fato de delinquência e uso estarem estatisticamente associados não pode constituir um argumento a favor de uma repressão maior do uso e da toxicomania, quando se descobre (o que essa constatação não nos diz) que o uso não é uma condição necessária, nem suficiente para a delinquência. O exame desse tipo de enunciado cognitivo, que tem consequências prescritivas não negligenciáveis, revela, em última instância, os limites de certos estudos quantitativos que, limitando-se a estabelecer laços significativos entre as duas variáveis, são incapazes de definir a sequência cronológica na qual elas poderiam ou não estar encadeadas. Além disso, embora muitos estudos quantitativos forjem para si os meios de identificar tal sequência, o estabelecimento de uma ordem cronológica reconhecida não resolve todas as dificuldades, longe disso. A cronologia não equivale à causa, nem dá a explicação total de todos os aspectos dos fenômenos no estudo (em outros termos, não é porque um usuário começou a usar drogas antes de se tornar delinquente que sua delinquência é causada por esse uso). Com efeito, convém sublinhar o fato de que a focalização sobre essas duas únicas variáveis impede que se compreendam os fatores antecedentes variados, como os relativos sobretudo à socialização mais ou menos "bem-sucedida" dos indivíduos, cuja consideração enriquece a explicação ou que representam um papel mais significativo na compreensão das trajetórias delinquentes dos

3. Droga, delinquência e criminalidade

usuários e das variações de práticas constatadas. Essa focalização também não possibilita que se explorem fatores concomitantes (contexto de realização dos atos, influência do grupo de iguais, oportunidades etc.), que podem, também eles, em muitos casos, ser mais decisivos do que o uso, o uso regular ou a dependência à elucidação das causas dos atos delinquentes pelos consumidores de drogas. Argumento suplementar a favor de uma complementaridade entre sociologia quantitativa, que relaciona variáveis independentes e uma variável dependente, e sociologia qualitativa, que descobre (levando em conta as disposições dos indivíduos e as situações sociais de realização de sua ação) os mecanismos e processos concretos pelos quais essas causas provocariam o fenômeno em estudo.

4

PROIBIÇÃO, CONTROLE E REGULAÇÃO

As pesquisas relacionadas até aqui contribuíram para a elaboração de conhecimentos precisos e úteis à compreensão dos processos que determinam a difusão dos usos de substâncias psicoativas ilícitas e o desenvolvimento de seu comércio ilegal nas sociedades ocidentais contemporâneas. No entanto, não é injusto afirmar que esses resultados científicos não esclareceram muito sobre a formação e operação das políticas de controle do consumo e de repressão do comércio de drogas. Estas se constituíram num tempo em que a sociologia ainda não havia dado a devida atenção a esse assunto, de modo que os interesses econômicos e profissionais, ou as convicções axiológicas singulares, estiveram mais presentes em sua gênese e nas dinâmicas de seu desenvolvimento. Todavia, os progressos do conhecimento sociológico do fenômeno, sob seus diferentes aspectos, a partir dos anos 1960, contribuíram pouco para tornar os processos de decisões públicas mais abertos aos resultados da pesquisa científica.

Tal constatação não é tão evidente para a pesquisa epidemiológica: se em muitos países, como o Reino Unido (PEARSON, 2008), sólidos resultados científicos contribuíram pouco para mudar o rumo das políticas, eles muitas vezes foram instrumentalizados para a legitimação científica da ação pública. O caso dos Estados Unidos é um bom exemplo disso (Musto, 1973): os governos americanos dispõem, há aproximadamente 40 anos, de informações epidemiológicas em grande quantidade sobre a predominância dos usos, sua dinâmica e variações diacrônicas; a política por eles adotada e posta em prática, no entanto, prima pela estabilidade repressiva (Beck, 2005).

Essa modesta contribuição dos resultados da pesquisa sociológica à formação da ação pública certamente remete a uma problemática mais ampla, que diz respeito ao espaço das ciências sociais na política; contudo, ela também manifesta o caráter particular do fenômeno droga: sua demonização furiosa, e as crenças obstinadas, tanto quanto inexatas (para não dizer simplesmente falsas), que se nutrem dela. Como se chegou a uma situação em que uma prática de consumo privado foi julgada ilegal e perigosa, sendo finalmente proibida? Ao final de que disputa econômica e política a droga se tornou um problema social, posteriormente um problema público, e como a legitimidade de uma responsabilidade coletiva e a necessidade de uma intervenção pública se impuseram? Como se constituíram essas políticas de proibição e de regulação e como elas são postas em prática?

Podem-se distinguir dois tipos de *policy analysis*: 1) as pesquisas e os estudos, bastante desenvolvidos nos Estados Unidos, preocupados em compreender os efeitos das políticas públicas. Nesse caso, as evoluções epidemiológicas ligadas às drogas (prevalência do uso ou da dependência) constituem a variável dependente, a variável a ser explicada. O objetivo, então, é determinar se a ação pública é o fator-chave de explicação (variável independente) dessas evoluções. Trata-se aqui de um trabalho avaliativo em sentido estrito; 2) outro tipo de estudo e de pesquisa tenta pôr em evidência os mecanismos e processos que concorrem para a formação das políticas públicas: a ação pública não é mais, nesse caso, uma das variáveis independentes, mas a variável a ser explicada; e as evoluções epidemiológicas, uma das possíveis determinantes das transformações da ação pública (ainda que saibamos, a partir de Lindblom a March e Olsen, que os laços que unem problema e política não têm nada de necessário). Dedicaremos esta última parte de nosso livro à análise desse segundo tipo de abordagem. Não nos referiremos aqui aos trabalhos de geopolítica das drogas ou àqueles que se debruçam com maior especificidade sobre os vínculos entre controle de drogas e relações internacionais (LABROUSSE, 2004; MAC ALLISTER, 2000).

As políticas de luta contra a oferta e a demanda de drogas

Elementos sociopolíticos da gênese do controle internacional das drogas

Foi bem recentemente, no início do século XX, que o uso de drogas e seu comércio se tornaram objetos de medidas legais, determinando a fronteira entre as atividades lícitas e as ilícitas (DUDOUET, 2003). O argumento da ausência do controle cultural e social do consumo justificou o surgimento de um sistema, apresentado como politicamente neutro, de regulação racional, que se fundamentaria na ciência e na autoridade dos Estados, e seria administrado por burocracias especializadas. Será a partir de 1912 e da conferência de La Haye que as primeiras resoluções do sistema atual de proibição e de regulação internacional serão adotadas (COHEN, 1994).

Essa convenção internacional resulta dos esforços convergentes, mas não necessariamente coordenados, dos médicos e farmacêuticos, como também dos movimentos antiópio, principalmente americanos. Os primeiros requerem o monopólio da distribuição e prescrição de drogas: uma nova geração de médicos, apoiados por funcionários públicos eminentes e profissionais de saúde pública influentes, lançando um novo olhar sobre os efeitos deletérios de certas substâncias, exige, em nome da saúde e da eficiência, que lhes seja confiado o controle da distribuição dos produtos. Nesse sentido, a gênese do controle das drogas é inseparável do processo de profissionalização da medicina ocidental (BERRIDGE e GRIFFITH, 1982) e se inscreve no contexto favorável do nascimento do Estado-providência e de um cuidado crescente com a proteção das populações (BACHMANN e COPPEL, 1989).

Os movimentos antiópio americanos denunciam o abuso de substâncias na Ásia, sobretudo na China, onde os opiômanos são extremamente numerosos e se apresentam como miseráveis e em situação de dificuldade (DUDOUET, 2003). Os missionários descrevem os estragos do ópio como ainda mais aterrorizantes que os do álcool sobre os operários ingleses, relatados pelos defensores da temperança (COHEN, 1994). Além disso, é digno de nota que os movimentos pela proibição nos Estados Unidos tenham muitas vezes associado a luta contra as drogas à questão das minorias raciais (MUSTO, 1973): a adoção, por exemplo, do *Harrison Act* em 1914, ato legal de nascimento da política federal antidroga norte-americana, é precedida por campanhas violentas contra certas populações negras consumidoras de cocaína, mas também contra os chineses consumidores de ópio. Nesse sentido, Szasz (1976) mostra que a campanha contra o ópio tem

4. Proibição, controle e regulação

como principal objetivo criminalizar uma prática cultural de um grupo social que, por outro lado, conseguira conquistar um papel-chave no comércio ao longo da costa oeste americana. Assim, questão de saúde pública e causa política estão intimamente ligadas. Os movimentos a favor da temperança (álcool) e da proibição (drogas) são considerados por muitos sociólogos exemplos daquilo que Becker (1963) designa como "construtores de moral", que, convencidos da universalidade dos valores e normas por eles defendidos, fazem verdadeiras "cruzadas", procurando impô-los ao conjunto de uma comunidade (MATHIEU, 2005).

Mas, se o ativismo dos movimentos pela proibição e dos membros da comunidade médica estão na origem das intenções de controle num contexto institucional e político cada vez mais favorável, considerações econômicas foram por muito tempo determinantes na definição dos alvos desse controle. Essas considerações por muito tempo prevaleceram principalmente sobre as questões relativas à proteção dos consumidores (DEVRESSE e DUPREZ, 2008): preocupados em conservar os interesses econômicos de suas colônias e das unidades administrativas nelas espalhadas, os países europeus (especialmente a França e a Grã-Bretanha, que declarou guerra duas vezes contra os chineses para defender o livre comércio do ópio na China, em 1839 e 1856) tentaram manter o controle da oferta em sua jurisdição (DUDOUET, 1999). A pedra fundamental do sistema de controle internacional de drogas, posta em 1912, não prevê muitas medidas de regulação da oferta, embora conceda o princípio do monopólio da distribuição de pequenas quantidades aos médicos e farmacêuticos (DUDOUET, 1999). Essa etapa só é superada em 1925, quando uma nova convenção estabelece que as importações e exportações sejam submetidas a uma autorização preliminar, desenvolvendo-se então um sistema de verificação da concordância entre as quantidades importadas e exportadas. Outra convenção firmada em 1931 põe em vigor o início do controle internacional da fabricação: as demandas mundiais (consumo para fins medicinais e científicos) passam a ser avaliadas por um órgão de controle; demandas essas que determinam direitos limitados de fabricação, divididos entre alguns Estados signatários (DUDOUET, 2003). Finalmente completado em 1972 por meio da adoção de disposições legais de controle da produção de ópio, o sistema jurídico internacional que se instituiu no século XX é original e inédito: por ele são promulgados e realizados os "princípios de uma economia dirigida" (DUDOUET, 2003) e definidas as instituições especializadas em administrá-la. Ele cria um circuito lícito de oferta, cobrindo o conjunto das etapas econômicas, da produção à distribuição, e relega "todo consumo não medicinal às fontes de aprovisionamento ilícitas" (DUDOUET, 2003, p. 100). Esse controle visa à regulação das permutas econômicas internacionais e à divisão dos direitos a serem usufruídos (DUDOUET, 1999), mais do que à preocupação de proteger o consumidor ou a sociedade.

Políticas e legislações nacionais de luta contra o uso e o tráfico

De um ponto de vista jurídico, não existiam delitos específicos referentes às drogas na maior parte dos países antes de ser ratificada a convenção de 1912, a não ser na China, no Egito e em alguns Estados americanos (DUDOUET, 2003). As primeiras disposições penais ocorrem a partir de 1914 (nos Estados Unidos) e 1916 (na França e Grã-Bretanha).

4. Proibição, controle e regulação

Na segunda metade do século XX, esse procedimento jurídico se desenvolveu consideravelmente: sem reconstituir aqui os processos históricos que contribuíram para a melhoria da legislação internacional, é preciso ressaltar que três convenções das Nações Unidas são hoje determinantes para as políticas nacionais de luta contra o tráfico e o uso de drogas: as convenções de 1961, de 1971 e de 1988. Elas classificam os entorpecentes (e seus precursores, moléculas químicas que entram na composição das drogas) em função de seus perigos para a saúde, do risco de abuso que eles apresentam e de seu maior ou menor valor terapêutico. As normas promulgadas por essas convenções não são diretamente aplicáveis, de modo que os países signatários devem adaptá-las a suas legislações nacionais, de acordo com os princípios que as regem; mas devem fazê-lo de "boa-fé", ou seja, respeitando os objetivos principais visados por esses acordos internacionais (OEDT, 2005). Em relação a isso, a adoção de sanções penais para os delitos de tráfico não suscitou mais muitos debates entre os Estados signatários e as instituições das Nações Unidas, responsáveis por garantir a boa aplicação dos tratados: a detenção por tráfico, a compra, distribuição ou comercialização etc. são considerados onde quer que seja como delitos graves, para os quais penas de privação da liberdade podem ser pronunciadas.

O caso das sanções que devem ser aplicadas para a infração de simples uso ou a detenção para uso pessoal não é o mesmo. Nesse caso, que interpretação deve ser feita das resoluções das convenções, particularmente a de 1988, cujo parágrafo 2 do artigo 3 pode ser objeto de inúmeras interpretações concorrentes? O uso deve ser sancionado penalmente? Os órgãos de vigilância dos tratados pensam que sim. No entanto, muitos analistas sensatos, ao final de meticulosa análise jurídica, concluem que cabe aos Estados signatários decidir se o simples uso (não aquele que se realiza para fins medicinais e científicos) deve ou não ser considerado uma infração penal (OEDT, 2005). Essa relativa indeterminação talvez explique a variabilidade do tratamento jurídico da infração de uso entre países, assunto que mobiliza a atenção de muitos sociólogos e cientistas políticos.

O estudo das determinantes sociais e políticas das legislações para as drogas, especialmente das disposições legais concernentes ao uso ou à detenção por uso pessoal, é um trabalho científico indispensável, por conta da importância dos aspectos jurídicos à compreensão do fenômeno das drogas. Contudo, não está claro que se trate aqui de uma dimensão que foi explorada tanto quanto as dimensões do uso e dos modos de vida associados. E se as monografias nacionais sobre a formação e a transformação das disposições jurídicas de controle existem, são raros os pesquisadores que examinaram de maneira sinótica as legislações de diferentes países, como fez Cesoni (2000). A partir da análise das disposições legais promulgadas na França, Grã-Bretanha, Itália, Holanda e Suíça, Cesoni (1993) sintetiza e agrupa os múltiplos fatores que influenciaram os processos de adoção das leis relativas ao simples uso. Ao reler seu estudo, podem-se identificar três classes de determinantes: 1) a primeira diz respeito aos modos de construção social do problema das drogas na arena política: a dramatização da toxicomania e o levantamento de evoluções epidemiológicas mostrando a banalização do uso e, particularmente, seu desenvolvimento nos meios menos favorecidos, que seriam menos "sensíveis" ao controle social e dos quais é preciso exatamente "retomar as rédeas", são argumentos que constituem um dos modos privilegiados de apresentação do

4. Proibição, controle e regulação

problema das drogas, permitindo justificar a adoção de disposições legais referentes ao uso. O insucesso das políticas de controle da oferta seria igualmente uma "prova" frequentemente utilizada politicamente para defender uma pressão maior sobre a demanda; 2) a segunda classe de fatores identificada diz respeito ao papel-chave representado por certos atores do processo de decisão política e legislativa e, particularmente, à influência da classe médica e dos forjadores de moral que se mobilizam contra uma prática que o senso comum reconhece como perigosa e propícia ao desenvolvimento de consequências deletérias; 3) o terceiro tipo de fatores, considerados clássicos pelos cientistas políticos que tratam da gênese da ação pública, se refere ao oportunismo político ligado às disputas eleitorais (CESONI e DEVRESSE, 2007).

Os processos e mecanismos que determinaram a formação da lei que rege comércio e uso de entorpecentes na França ilustram certos aspectos típicos do quadro feito por Cesoni: em 1970, a França adota uma legislação de exceção (EHRENBERG, 1995) no clima geral de "retomada do controle da juventude", depois do fim dos acontecimentos de maio de 1968 (PINELL e ZAFIROPOULOS, 1982) e que veem a adoção de uma série de medidas de enquadramento das liberdades individuais (GUERRIERI, 1984). Algumas estimativas sobre o uso de que se dispõe na época não permitem conjecturar a respeito da sombria e inquietante epidemia que se anuncia nas mídias e na tribuna (BERNAT DE CÉLIS, 1992). Pinell e Zafiropoulos (1982) defendem a tese de uma utilização política com vistas a desacreditar e estigmatizar jovens militantes de esquerda, criminalizando uma de suas supostas práticas. Todos os cientistas políticos estão de acordo com o seguinte: a inserção do problema considerado na agenda política não está, em muitos casos, estritamente ligada à gravidade "objetiva" dele, mas é parcialmente determinada pelas disputas políticas do momento, que orientam a atenção seletiva dos políticos para determinados problemas em vez de outros (GARRAUD, 1990). É que o uso de drogas, ao contrário do de vinho ou de álcool, agente de sociabilidade, é percebido ao mesmo tempo como fechamento sobre si mesmo, permitindo que se fuja da realidade, e como um modo de se recusar à sociedade e a suas regras (EHRENBERG, 1991). Essa representação coletiva sacode frontalmente uma cultura política republicana que concebe a individualidade sob o ângulo (quase) exclusivo da cidadania: na França, o indivíduo é um cidadão que participa da vida da cidade. O individualismo, portanto, é um egoísmo, o sinal de um fechamento sobre a dimensão privada da existência; e o fechamento sobre si, o fim do elo social. Ora, o drogado é percebido como aquele que se abandona a si mesmo. Assim, o Estado, garantidor do interesse geral, tem a missão "pedagógica" e moral de "ressocializar" e "reintegrar" os drogados, e a lei, expressão da vontade geral, tem a missão de edificar muralhas simbólicas por meio da condenação do uso privado (EHRENBERG, 1995). Assim, de acordo com Ehrenberg, o fato de atentar contra a liberdade privada de consumo (ainda que essa seja uma disposição excepcional) não foi um obstáculo, na França, para a votação da lei de 1970, o que certamente teria sido nos Estados Unidos, onde a lei procura menos fixar proibições e normas, ou seja, "instituir o social" (EHRENBERG, 1995) do que arbitrar entre interesses divergentes, ou diferentes. Não é de se surpreender, portanto, que lá a política antidrogas tenha se fundamentado sobre o princípio de perigo para os outros, e não, como na França, sobre o do perigo para si (EHRENBERG, 1995).

    As culturas políticas e institucionais nacionais marcam profundamente as políticas e legislações antidroga. Assim,

4. Proibição, controle e regulação

o consumo de entorpecentes parece pertencer ao conjunto desses assuntos "delicados" (como talvez o aborto, a homossexualidade ou a eutanásia) que remetem os Estados a suas tradições nacionais mais singulares. No entanto, essas singularidades políticas e jurídicas não devem mascarar o fato de que as disposições legislativas de grande número de países ocidentais, europeus especialmente, vivenciaram recentemente evoluções diversas, mas que apresentam certas consequências convergentes. Se é inegável que os Estados membros da União Europeia manifestam experiências diferentes em matéria de tratamento jurídico da infração por uso (DERKS et al., 1999; CESONI, 2000) e que as medidas adotadas nada têm de homogêneo em todo o território europeu (OEDT, 2005), certo número de movimentos jurídicos observados recentemente revelam, porém, uma tendência comum em considerar o uso como uma infração que não deve mais, ou o menos possível, ser sancionada por penas de privação da liberdade (OEDT, 2005). Na Espanha (1991), Itália (1992), Portugal (2001), República Tcheca (1999), em relação a todos os entorpecentes, e na Bélgica (2003), Irlanda e Luxemburgo (2001), somente em relação à maconha, a lei não prevê penalidades de prisão para simples uso, mas sobretudo advertências, multas etc. Em outros países, como Áustria (1998), Alemanha (1994, 1998 [ALBRECHT, 1996]), França (1999), Dinamarca (1992), Hungria (2003) ou ainda na Holanda, as leis, circulares ou outros instrumentos jurídicos limitam a possibilidade de detenção a situações particulares, como também deixam uma "margem maior de apreciação" às autoridades públicas (OEDT, 2005) para decidir sancionar ou não o uso por meio de punições de detenção. No Reino Unido (2004), a maconha se tornou uma droga de categoria C, tornando possíveis apenas confiscações da substância e vigilância do usuário interpelado pela polícia. Da verificação da evolução dessas disposições, não se deve depreender que as intenções de controle do simples uso tenham diminuído nos países europeus. Pode-se concluir com maior exatidão que o uso não é considerado, em muitos países ocidentais (também na Austrália e Canadá), como uma infração suficientemente grave para merecer a sanção mais severa que preveem os órgãos legislativos dos países democráticos europeus (BERGERON, 2005).

Atitudes práticas, revogação da penalização e descriminalização

Não se sabe muita coisa de uma política enquanto não se estudou sua aplicação prática. As informações coletadas pelos serviços de repressão (forças policiais e justiça) não esclarecem mais do que uma parte da realidade da política (AUBUSSON DE CAVARLAY, 1997) e são apresentadas de modo tão oblíquo que só podem ser interpretadas corretamente ao preço de um trabalho acurado de desconstrução e análise preliminar (MOUHANNA e MATELLY, 2007). Todavia, observa-se a partir dos dados disponíveis que o número de infrações à legislação sobre entorpecentes (ILS) aumentou consideravelmente após a metade da década de 1980 na maioria dos países ocidentais. Entre 2001 e 2006, o aumento médio alcançaria os 36% nos países da União Europeia (OEDT, 2008a). Segundo as mesmas fontes, a maior parte dessas infrações diria respeito ao simples uso ou à posse pessoal para uso, sendo a maconha a substância mais frequentemente implicada, na maior parte dos países europeus. No entanto, é difícil dar um significado exato a essas verificações gerais: elas refletem o aumento proporcionado do uso ou as forças da ordem o determinam a seu bel-prazer?

4. Proibição, controle e regulação

Estudos avançados são necessários e, sob esse ponto de vista, o estudo do caso francês é instrutivo: relendo (BERGERON, 2009) os trabalhos de certo número de autores que têm autoridade nesse assunto, podem-se delimitar três grandes etapas históricas da política francesa de repressão do uso em sua "idade moderna" (a partir dos anos 1970). No início dos anos 1970, exatamente depois da aprovação da lei de 31 de dezembro, durante curto período de tempo, as autoridades põem em prática uma política de repressão "branda" do uso. Nessa época, a população de usuários de droga não é muito numerosa e se situa em zonas urbanas claramente identificadas (sobretudo no bairro do Quartier Latin, em Paris). Esse primeiro momento de repressão limitada dá lugar a um aumento, lento porém regular, das interpelações decorrentes de uso. Os anos 1980 são palco de uma pressão policial mais intensa sobre o simples uso, como ilustram as estatísticas das infrações à legislação sobre entorpecentes (ILS) referentes ao aumento das interpelações por uso nos anos 1980. Trata-se particularmente, mas não exclusivamente, de se continuar a perseguir os pequenos revendedores (que se "protegem" atrás do uso e das possibilidades de alternativas terapêuticas à perseguição previstas pela lei de 1970), com a finalidade de identificar todos os envolvidos e, ao fazê-lo, lutar contra o "tráfico de formiga" (SIMMAT-DURANT, 2004). A partir dos anos 1990, a pressão policial sobre simples usuários se acentua de maneira significativa, como demonstram as estatísticas da Secretaria Central para Repressão do Tráfico Ilícito de Entorpecentes (Office Central pour la Répression du Trafic Illicite des Stupéfiants – OCTRIS): de 35 mil interpelações por simples uso, em 1993, passa-se a mais de 83 mil em 2000 (SIMMAT-DURANT, 2004).

Alguns adiantam que esse aumento e, depois, essa explosão de interpelações por uso devem ser associados principalmente à difusão do consumo de drogas na sociedade francesa. Mas a maior parte dos especialistas defende que se deve ver nesse argumento muito mais o produto de uma política autoritária de luta contra a insegurança urbana, temática que se instala como prioridade política na agenda pública nos anos 1990. Reprimindo o uso, busca-se mostrar que a polícia "está presente" (FAUGERON e KOKOREFF, 2001). A forte queda das interpelações por uso, ocorrida em 2002, após a aplicação do plano Vigipirate, num contexto de mobilização das forças policiais contra o terrorismo, contribui para documentar a hipótese de uma política afirmada (SIMMAT-DURANT, 2004), de modo que certos autores evocam a imagem de uma "polícia da maconha" (KOKOREFF, 2005), que adota uma estratégia, valorizada pela hierarquia e o cidadão, de "gestão da ordem pública nas cidades", estratégia por outro lado menos difícil que a luta contra o tráfico organizado (KOKOREFF, 2001). É preciso dizer que a extinção das incriminações por vagabundagem ou mendicidade e o quase abandono das perseguições por embriaguez pública fizeram do uso de entorpecentes um dos principais motivos de vastas operações de controle e manutenção da ordem que permitem interpelar pessoas procuradas (AUBUSSON DE CAVARLAY, 1997). Acrescentemos que, no caso de processo por uso de droga, não há vítimas e a taxa de elucidação chega a 100%; isso constitui uma incitação suplementar para perseguição de práticas de interpelação maciças, na medida em que a integração dessa taxa de elucidação numa média com "todos os delitos misturados" permite que se faça valer a eficácia das forças de ordem em circunstâncias mais favoráveis (MOUHANNA e MATELLY, 2007).

4. Proibição, controle e regulação

Entretanto, é importante salientar que a política de repressão do uso, nos anos 1980 e 1990, pode também se caracterizar por uma relativa revogação da penalização *de facto* (por oposição a *de jure*) se, e somente se, se define a revogação da penalização como a situação na qual um comportamento incriminado não é mais objeto de uma sentença penal (CESONI e DEVRESSE, 2007). Essa hipótese de relativa revogação da penalização para simples uso ("relativa" no sentido de que varia de um território a outro e não impede a existência de condenações) repousa sobre o fato de que poucas pessoas incriminadas por uso são por fim levadas ao ministério público, ao passo que as outras, conduzidas pela polícia, se veem liberadas com a anuência do mesmo ministério público, na maior parte das vezes com uma simples advertência (BARRÉ *et al.*, 1994). O procurador da República exerceu bastante sua liberdade de classificação nos anos 1980 e 1990, na medida em que a resposta penal (condenação) só diria respeito a 15% (estatística para 1999) do conjunto dos autores de infrações de simples uso (SIMMAT-DURANT, 2004; AUBUSSON DE CAVARLAY, 1997). Por fim, se uma política de forte pressão policial sobre o uso, que se manifesta por meio de um índice de interpelações elevado e crescente (particularmente nos bairros considerados sensíveis), se perpetua, é impressionante que essas interpelações não se transformem em condenações penais, e menos ainda em penas de aprisionamento. A partir desse ponto de vista, a França dos anos 1980 e 1990 não se diferencia muito de muitos países da União Europeia, como revelam certos estudos comparativos (OEDT, 2005). Essa situação contrasta, no entanto, com a dos Estados Unidos, que, a partir de 1975, adotaram uma política de guerra às drogas tão autoritária quanto radical, e que diz respeito tanto a traficantes quanto a usuários. Wacquant (1998) defende que a quadruplicação da população carcerária, em aproximadamente vinte anos (1975-1995), não pode ser explicada pelo aumento proporcionado da criminalidade, sobretudo da criminalidade violenta, mas pelo recurso crescente ao aprisionamento para todos os tipos de delito, que não eram até então sancionados por penas de privação da liberdade, e particularmente infrações "menores" à legislação sobre os entorpecentes, dentre as quais o uso ou porte para uso pessoal.

O itinerário daqueles que são interpelados e chegam a juízo é pontuado por operações de seleção, cujos mecanismos principais importa compreender (BARRÉ et al., 1994). Para esse fim, Aubusson de Cavarlay (1999) mobiliza o conceito de "percurso penal": ele designa um caminho particular no "labirinto processual" que se torna privilegiado por ser regularmente usado. Podem-se assim distinguir três percursos penais principais para os usuários (AUBUSSON DE CAVARLAY, 1997). Esses percursos não ativam os mesmos mecanismos de seleção que remetem às lógicas profissionais dos principais atores envolvidos e têm por finalidade a "construção de uma clientela" (BARRÉ et al., 1994) adaptada a estes interesses profissionais: 1) os usuários que só estão envolvidos no uso e que são na maior parte das vezes interpelados por uma polícia não especializada, durante operações de "recolha" que nem sempre visam à repressão do consumo de entorpecentes. Decerto, aqueles que já cometeram infrações à legislação sobre entorpecentes são interpelados com maior frequência (BARRÉ et al., 1994). A "elevação" desses indivíduos ao ministério público dependeria aqui, em parte, de seu potencial para oferecer informações sobre outros envolvidos; 2) os que são interpelados no contexto de um flagrante delito de com-

4. Proibição, controle e regulação

pra e geralmente não são perseguidos pela justiça, mas podem ser objeto de uma injunção terapêutica; 3) o terceiro percurso é o que tem lugar no contexto de investigações mais sérias pelos serviços especializados (Brigada dos entorpecentes, por exemplo): nesse caso, os usuários têm um perfil variável entre "meio de investigação", testemunha e autor de infração que pode ou não ser objeto de sanção penal, de acordo com as peripécias do processo. De maneira geral, Aubusson de Cavarlay (1997; 1999) conclui que os usuários que são julgados muitas vezes têm características sociais desfavoráveis, resistem à intervenção judiciária (recusando os cuidados ou medidas alternativas) e já têm passagem pela polícia. Mas também encontramos aí aqueles cujo uso de entorpecentes não passa de uma desculpa para serem perseguidos por outras infrações para as quais não puderam ser reunidas provas jurídicas sólidas. Nessas condições, quer se trate do trabalho policial quer judiciário, a infração por uso deve ser entendida como um recurso no quadro da repressão das infrações à legislação sobre entorpecentes, mas também no contexto da luta contra outras infrações penais (BARRÉ, 2008).

Temos o direito de nos perguntar se as disposições legais relativas ao simples uso, não estritamente aplicadas, mas reveladoras de profundas diferenças entre lógicas policial e judiciária, postas em prática de maneira tão diferente, de acordo com as regiões geográficas consideradas (DUPREZ e KOKOREFF, 2000; KOKOREFF, 2001), com muita frequência instrumentalizadas para outros fins que não o controle do consumo, têm ainda um significado jurídico e social. Talvez sejam essas verificações que levaram o legislador francês a querer reforçar um controle considerado politicamente muito "afrouxado", porque maciçamente questionado e muito pouco atualizado. Inúmeras são as leis que, recentemente, vão no sentido de uma "nova penalização" da infração por simples uso (no sentido estrito em que definimos a revogação da penalização anteriormente). A composição penal (lei de 23 de junho de 1999) que permite submeter o usuário a uma multa ou prestação de serviços à população (trabalhos de interesse geral – TIG), por exemplo, vai na mesma direção da "mediação penal" para outros processos (SIMMAT-DURAND, 2004): ela constitui "uma resposta penal suplementar que se imputa aos inquéritos arquivados,* mais que às perseguições" (SIMMAT-DURAND, 2004, p. 72-73). A adoção da lei de luta contra a delinquência, de março de 2007, que prevê a pena considerada complementar à "formação da sensibilização aos perigos do uso de produtos entorpecentes", opera numa direção convergente, pelo fato de essas formações poderem ser compreendidas como uma estímulo aos promotores públicos a não encerrarem inquéritos que já foram abertos. A vontade de dar uma resposta rápida a toda infração de uso, pela elaboração de recursos processuais de tratamento penal – os quais só dizem respeito a esse tipo de infrações (BASTARD e MOUHANNA, 2007) –, modificou, desde o início dos anos 2000, o tratamento jurídico do uso e dos percursos penais que tinham até então se instituído (BARRE, 2008) e regenerou os mecanismos de controle social do consumo. Se a prisão não é mais considerada adaptada à "reinserção" dos drogados, o princípio da proibição dos usos nunca foi tão vivaz e os meios para manifestá-lo tão diversificados. Finalmente, essa evolução altera as categorias usuais que estruturaram por muito tempo

---

* N.T.: "Inquérito arquivado" é a tradução que encontramos para "classement sans suite", que constitui uma categoria do processo penal francês referente à decisão tomada por um magistrado do ministério público de não dar continuidade a uma investigação policial, de modo que não há condenação nem processo propriamente dito.

o discurso e os debates sobre as políticas públicas das drogas e opôs liberais e repressivos. Pode-se ver aí, com efeito, ao mesmo tempo o reconhecimento, relativamente "liberal", de que a prisão não pode ser uma solução para os usuários, mas ao mesmo tempo uma vontade forte de exaltar o valor do proibido por uma política autoritária e extensiva, em que se põe em prática uma resposta judiciária.

Mas os mesmos argumentos são também mobilizados pelos defensores do fim da penalização (abrandamento da sanção penal ou ausência de pena), da descriminalização (supressão da infração de uso do código penal) e da regulamentação (acesso regulamentado aos produtos e cancelamento do princípio de proibição): se uma lei é violada de maneira maciça e regular, e posta em prática de modo modesto e variável, quer dizer que ela não tem (mais) a capacidade dissuasiva que se lhe atribui, o que produz ao mesmo tempo inúmeras consequências nocivas (estigmatização social, clandestinidade, degradação sanitária, empobrecimento dos usuários, enriquecimento dos traficantes etc.). A alta incidência de usos ilícitos de entorpecentes, sejam recreativos ou compulsivos, não é o sinal mais claro de que a lei falhou em governar os comportamentos e que as razões de seu desenvolvimento estão noutro lugar? De maneira geral, Pharo (2006) identifica três argumentos principais no princípio da convicção antiproibicionista: 1) a liberdade individual dos adultos para dispor do próprio corpo e da própria sorte, desde que tal liberdade não perturbe a alheia; 2) um raciocínio consequente, que pontua os resultados negativos da proibição, particularmente o aumento da criminalidade; 3) um princípio de coerência, que interroga o tratamento jurídico diferencial das substâncias aditivas (drogas, álcool, cigarro etc.). Poderíamos acrescentar um quarto argumento, que é o da ineficácia das políticas de repressão. Com efeito, não é fácil provar cientificamente a existência de um vínculo entre nível de consumo e severidade (criminalização/descriminalização) das leis (REINERMAN, COHEN e KAAL, 2004; REUBAND, 2008). Muitos economistas mostram igualmente que os custos econômicos que devem ser assumidos para esperar alterar a curva do consumo (pelo aumento dos preços) são consideráveis, para não dizer dissuasivos (KOPP, 1997). Mas, se grande número de analistas pontuam os efeitos perversos e uma forma de impotência das políticas repressivas em impedir o consumo, os benefícios de uma política não proibicionista são igualmente de difícil estimativa (JOBARD e FILLIEULE, 1999).

Mesmo parecendo não sustentar racionalmente as distinções jurídicas, a variável periculosidade das diferentes substâncias aditivas pode estar no princípio de uma política. É sobre a constatação de que existem drogas com riscos aceitáveis e drogas com riscos inaceitáveis que se fundamentou a política holandesa. Na metade da década de 1970, ela pretendia separar os mercados das drogas "leves" (derivadas da maconha) do mercado de drogas "pesadas" (heroína, cocaína), para que o uso daquelas não levasse ao consumo destas (JOBARD e FILLIEULE, 1999). A posse para uso, formalmente condenável, em virtude da lei Opium de 1976, é tolerada sob certas condições (OEDT, 2005). Com a verificação, nos anos 1980, de que a "epidemia" de consumo de drogas pesadas se estabilizou, não sendo muito razoável esperar reduzir o nível estável de consumo num futuro próximo, o governo optou por uma política de "normalização", que consiste na aceitação do consumo como uma prática social normal, desde que tal comportamento não prejudique a coletividade (conceito de prejuízo público) (OEDT, 2005). Nenhum outro país levou tão longe a contestação do princípio da proibição, embora em muitas nações (Portugal, Espanha, Itália ou República Tcheca, por exemplo) tanto o uso quanto a posse para uso pessoal sejam passíveis de punição mediante sanções administrativas.

As políticas de tratamento e reinserção

A lenta invenção da toxicomania

Mas a criminalização do uso, seja este dependente ou para recreação, não é a única estratégia de controle social que se tentou. Parsons já não ensinava, há muito tempo, que um doente é mais inofensivo que um desviado e que é politicamente racional medicar um desvio? Existe assim uma longa tradição de trabalhos sociológicos cuja ambição consiste em revelar a história social pela qual um problema social se torna um problema de saúde e que tenta descobrir "os mecanismos pelos quais o rótulo da doença é atribuído a determinados estados e não a outros, e com quais conhecimentos (HERZLICH, 1984, p. 186). A "medicalização" de problemas que não são do âmbito da medicina ou de aspectos da vida privada e social é um fenômeno social estudado por inúmeros sociólogos construtivistas (Berger e Luckmann, Spector e Kitsuse, ou ainda Freidson), dentre os quais os renomados Conrad e Schneider (1992), que mostram como certos desvios (a loucura, o alcoolismo, a hiperatividade, a violência doméstica e certamente o consumo de opiáceos) se transformaram em doenças para finalmente passar à jurisdição da medicina.

O uso de drogas se torna um problema social, percebido e identificado como tal, no século XX, sob o prisma de uma de suas faces particulares: a toxicomania. Desse modo, o consumo de entorpecentes e a toxicomania serão por muito tempo percebidos como sinônimos, ou pelo menos como estando ligados numa relação necessária de causa e efeito. As primeiras tentativas de medicalização dos usos compulsivos e dependentes de drogas são realizadas no primeiro quarto do século XIX: Laeher, em 1971, mas principalmente Levinstein, em 1975, descrevem com precisão de detalhes e alertam contra os perigos da morfina, cujo abuso leva à "morfinomania" (BACHMANN e COPPEL, 1989). É preciso dizer que a utilização da morfina como analgésico se expandiu consideravelmente, a partir de 1860, nos hospitais, mas também nos campos de batalha (DUGARIN e NOMINÉ, 1995). A morfinomania será logo definida como um mal assustador, que poderia atingir a sociedade inteira, como a sífilis, a tuberculose ou o alcoolismo (YVOREL, 1989). O suposto proselitismo dos "morfinomaníacos" conduz, com efeito, a perceber essa "patologia" sob a forma de uma doença epidêmica altamente contagiosa, que ameaça a coletividade em seu conjunto (YVOREL, 1989). Entre 1855 e 1885, os conceitos e as descrições clínicas que os fundamentam são elaborados: etilismo, morfinismo, eterismo, morfinomania e, finalmente, em 1885, toxicomania (YVOREL, 1989). O termo "mania", no fim do século XIX, adquire um sentido que orienta os vocábulos por ele formados para a psicopatologia (YVOREL, 1992b), e essa orientação etiológica vai influenciar as explicações de causa da toxicomania: a toxicomania constitui um segmento de pouco prestígio de uma especialidade pouco nobre (a psiquiatria), e esse vínculo a coloca do lado da loucura e das doenças mentais. Será preciso esperar o início dos anos 1910 para que os termos toxicômano e toxicomania sejam finalmente mais bem elaborados e esta

4. Proibição, controle e regulação

última seja concebida como um conceito unificador, englobando todas as manias à base de substâncias (morfinomania, etermania, cocainomania etc.) num mesmo conjunto (YVOREL, 1992b).

Essas primeiras tentativas de definições médicas de uma doença nova permanecem, entretanto, incompletas e caóticas: segundo Bachmann e Coppel (1989), é notável que a primeira verdadeira formalização de caráter médico do abuso de entorpecentes não aparece nem no manual de Kraeplin, editado em 1884, nem no tratado de psiquiatria de Breuler, publicado em 1916 (ambos são considerados referências canônicas em psiquiatria), mas nos trabalhos de Himmelsbach, de 1939. Além disso, a Organização Mundial da Saúde (OMS) levará mais 30 anos para definir os termos de dependência e de toxicomania (BACHMANN e COPPEL, 1989). Se alguns médicos reivindicaram cedo o direito de controle da prescrição desses produtos, a toxicomania permaneceu por muito tempo um elemento nosológico de fronteiras incertas, oscilando entre intoxicação e demência (BACHMANN e COPPEL, 1989), pouco prezada pelos médicos recém-formados em busca de especialização.

A medicalização, e mais especificamente a "psicopatologização" (YVOREL, 1992b), do uso intensivo de drogas será feita durante muito tempo à sombra de um controle judiciário e policial dominante. Nos anos 1960 e 1970, as leis de certos países reconhecem o toxicômano, mais ou menos explicitamente, por meio do duplo atributo de delinquente e doente, e preveem a possibilidade de medidas terapêuticas alternativas a uma condenação ou partes integrantes de uma condenação. Políticas sanitárias e estabelecimentos terapêuticos especializados ou integrados aos hospitais públicos se desenvolvem timidamente nos países europeus e nos Estados Unidos, num contexto de *habitus* institucionais que dão a forma particular de tais políticas. Nos anos 1980 e 1990, quatro modelos etiológicos (*deficit* metabólico, modelo psicossocial, teoria familiar, teorias psicanalíticas) dominam o mercado das explicações da toxicomania (LERT e FOMBONNE, 1989) e inspiram as iniciativas terapêuticas e clínicas que são postas em prática, principalmente em relação aos consumidores de opiáceos, que constituem a clientela principal. É verdade que, desde meados do século XX, a toxicomania é associada principalmente à heroinomania, num movimento clássico que leva uma doença a se tornar socialmente a única doença tratada (HERZLICH, 1969). Sendo a eficácia dessas terapias globalmente comparável (LERT e FOMBONNE , 1989), a escolha das opções de cura foi essencialmente determinada por variáveis políticas e culturais, de modo que as soluções de cuidados encontradas tiveram de ser compatíveis com os valores políticos e as normas culturais dos Estados que as decidem e põem em prática.

A sanitização do problema das drogas

Os Estados ocidentais optaram inicialmente por uma política essencialmente curativa de tratamento dos toxicômanos: assim como é preciso extirpar do corpo social a epidemia que ameaça a coletividade, é preciso tratar os corpos enfermos e combater, no contexto da clínica dos toxicômanos, as causas individuais do mal, ainda que certos Estados, como a Holanda, tenham tornado mais agradável sua oferta terapêutica de serviços de tratamento das consequências ligadas ao uso (hepatite C, HIV, septicemia etc.).

4. Proibição, controle e regulação

A maior parte dos países também pôs em prática uma política de diversidade em matéria de oferta de tratamentos, combinando diferentes opções terapêuticas. Mas alguns deles, dentre os quais os Estados Unidos em primeiro lugar, preferiram investir na distribuição maciça de metadona*, a partir dos anos 1970. A França optou por uma alternativa particular: as décadas de 1970 e 1980 são marcadas por uma psicologização quase exclusiva do tratamento dos toxicômanos e a rejeição concomitante de alternativas terapêuticas (comunidades terapêuticas, práticas de substituição, tratamento das consequências da toxicomania) em outros lugares perfeitamente aceitáveis.

Se os países ocidentais adotam modelos diferentes de tratamento dos problemas das drogas, a irrupção da Aids em meados da década de 1980 vai transformar consideravelmente a paisagem que tinha se estabilizado durante aproximadamente 20 anos: o único tratamento curativo da toxicomania, e particularmente a busca às vezes obstinada da abstinência, não pode mais ser o pilar essencial das estratégias sanitárias. Militam assim, na maior parte dos países ocidentais, "coalizões de causa" (KÜBLER, 2000), redes de políticas públicas que têm como objetivo agrupar atores de origens diferentes, mas cujos interesses sejam convergentes (médicos voluntários, associações de usuários, profissionais da Aids etc.) e para os quais deve-se reorganizar a hierarquia das metas de políticas sanitárias. Ainda que seja louvável querer tratar as causas da toxicomania e prevenir os usos, é urgente – argumentam eles –, nesta época de ameaça planetária à saúde pública, tratar as con-

---

* N.T.: Metadona: analgésico narcótico sintético, de efeitos similares aos da heroína e da morfina, porém menos sedativo do que estas, e usado como substituto da heroína no tratamento de viciados.

sequências dos usos e prevenir os riscos a eles associados. É por isso que o modelo da "redução dos riscos", desenvolvido originalmente na Holanda (BOEKOUT VAN SOLINGE, 2004), se encontra inscrito na agenda política de muitos países. Aproveitando a midiatização sem precedentes e a importância política alcançada pelo problema da Aids (FAVRE, 1992), e beneficiando-se do apoio decisivo dos militantes antiaids que adquiriram posições--chave de influência política, os defensores da redução dos riscos conseguirão, em toda a Europa, impor essa política que prevê a criação de locais de tratamento de primeira urgência, a distribuição de seringas descartáveis e o fornecimento extensivo de produtos de substituição. Considera-se que a metadona, por exemplo, ajuda na interrupção da injeção intravenosa de heroína e permite ao toxicômano não ser mais prisioneiro de um modo de vida em que a busca do produto e dos meios para obtê-lo pode se tornar uma atividade ininterrupta. Nesse sentido, a metadona foi concebida como um instrumento para não apenas limitar a transmissão dos vírus da Aids e da hepatite C, mas também para possibilitar uma reinserção social e sanitária, considerada cada vez mais necessária para determinados toxicômanos cada vez mais apartados da sociedade e em situações médicas cada vez piores (hepatite C, doenças oportunistas do HIV etc.).

Princípios, prioridades, recursos e práticas inseridos no quadro da "redução dos riscos" disseminaram-se por toda a Europa como normas, soluções cognitivas e profissionais "apropriadas" (no sentido no neoinstitucionalismo sociológico) à gestão de problemas sanitários e sociais, que os diferentes especialistas nacionais concordam doravante em definir de maneira relativamente comparável. Desse modo, uma recomendação do conselho da União Europeia datada de 18

4. Proibição, controle e regulação

de junho de 2003 reconhece politicamente, com anuência de todos os Estados membros (entre eles a Suécia, país considerado o mais hostil a esse tipo de abordagem [THAM, 1995]), o valor e a importância dessa política e de certas intervenções que a compõem (algumas medidas, porém, como a distribuição controlada de heroína, permanecem sujeitas a controvérsias entre Estados membros e não fazem parte das medidas visadas por essa recomendação). Certos autores afirmam que está se desenhando uma tendência à convergência das respostas sanitárias em todos os países da União, tendência que a Comissão Europeia teria amplamente favorecido (GRANGE, 2005; BERGERON, 2005). O Canadá, o Brasil e a Austrália também adotaram esse modelo. Somente os Estados Unidos, por iniciativa das administrações Bush (pai e filho), resistem a colocar em prática o que consideram uma forma de renúncia moral e uma porta aberta a manobras ocultas objetivando a revogação da proibição.

Essas medidas compõem uma política que pressupõe um reconhecimento, mais ou menos assumido politicamente, dependendo dos Estados, do uso de entorpecentes como um fato antropológico comum às sociedades ocidentais: ele não é mais aquele acesso de febre que se pensava poder controlar nos anos 1970. Se por um lado a utilização dos termos "uso" e "usuário", que tendem a substituir os de consumo, consumidor ou drogado, é proveniente da progressiva dominação do vocabulário da Classificação Internacional de Doenças (CID e DSM), por outro ela marcaria o surgimento da representação de um indivíduo dotado de racionalidade, não completamente dominado por causas psíquicas que congelam seu entendimento, capaz de desenvolver estratégias para cuidar da própria saúde, tanto quanto para gerir os próprios usos. Argumentos de militantes e resultados de certa pesquisa sociológica entram em ressonância no combate político a favor da redução dos riscos. O aumento da redução dos riscos marca uma real sanitização das políticas de drogas. Ele se inscreve no contexto de transformações de maior amplitude (que extrapolam o campo da droga e da toxicomania), que testemunham a passagem daquilo que Goffman chamava "esquema de reparação" (visando principalmente a correção das disfunções e insuficiências patológicas) a um "esquema de crescimento" no qual basicamente se busca preservar a saúde e prevenir os riscos que podem pesar sobre ela, antes de ocorrerem (CASTEL, 1993). Nesse contexto, o uso de risco de drogas perigosas seria próprio de indivíduos mal socializados às normas e técnicas de otimização do "capital saúde", de indivíduos desviados da nova ordem sanitária e sua medicina de vigilância (ARMSTRONG, 1995).

A França conheceu um destino que se manteve por muito tempo singular em relação a essas evoluções de conjunto. Em 1994, a política pública francesa ainda está orientada principalmente para objetivos de cura da abstinência. Poderíamos numerar assim em torno de 9.500 lugares de utilização da metadona na Espanha; 17.000 na Grã-Bretanha; 15.650 na Itália; 10.300 na Suíça; 8.400 na Holanda. Foi preciso esperar meados da década de 1990 para que tal política fosse posta em prática e a metadona introduzida de maneira extensiva na França. Como explicar tal singularidade? Explica-se frequentemente que a maior parte dos atores que durante muito tempo determinaram os rumos da política francesa progressivamente constituíram um paradigma particular – misto de considerações contrainternação e psicanalíticas – como grade de leitura principal do fenômeno toxicomania, e que esse paradigma era pouco favorável a uma política preventiva e palia-

4. Proibição, controle e regulação

tiva e à introdução da metadona. Nesse sentido, a toxicomania era interpretada como o sintoma de um sofrimento psíquico profundo, proveniente de traumas sofridos na infância, e o uso de metadona era consequentemente percebido como uma simples substituição de um produto aditivo por outro. Com efeito, essa foi substancialmente a argumentação principal sustentada pela comunidade terapêutica e os representantes do Estado francês para motivar a rejeição de produtos de substituição durante tantos anos. Mas como se chegou a tal uniformidade de opiniões e a tal consenso entre os especialistas?

A partir de um estudo histórico inscrito na tradição de estudo das políticas públicas, Bergeron (1999) procurou identificar quais foram os grupos de atores que progressivamente exerceram uma influência determinante na definição daquilo que deveria ser a política pública de tratamento aos toxicômanos. Ele conclui que "uma comunidade de política pública", formada por atores de origens diversas, mas partilhando opiniões convergentes em relação aos objetivos a serem alcançados e aos meios a serem postos em prática, se constituiu lentamente. No interior da Direção Geral da Saúde (DGS) do Ministério da Saúde, um pequeno número de funcionários estabeleceu alianças duradouras com os representantes profissionais mais influentes do setor especializado (a maior parte deles psiquiatras), que souberam se impor como os únicos interlocutores legítimos do campo especializado. Essa dupla de atores progressivamente conquistou autonomia perante as outras instâncias administrativas e políticas, que poderiam ter emitido qualquer opinião sobre o conteúdo da política de tratamento. Como mostraram Jobert e Muller (1987) ao analisar outras políticas públicas, assistimos durante as décadas de

1980 e 1990 ao desenvolvimento simultâneo de uma dupla liderança, profissional e administrativa, cada uma sabendo outorgar-se a representação legítima do segmento concernido. Mas apenas a elucidação da existência de uma dupla de atores autônomos e com opiniões convergentes, assim como a análise dos sistemas de interdependências duradouras que ligaram esses atores deixavam sem resposta uma questão importante: como tais opiniões coletivas puderam se manter dominantes por tanto tempo na França? Essa pergunta levou Bergeron a considerar particularmente os problemas relativos à formação, manutenção e transformação das crenças dos atores e a recorrer ao modelo "cognitivista" de análise das crenças coletivas desenvolvido por Boudon (1986, 1990). Mostramos que a adoção de uma doutrina terapêutica de origem variada como *corpus* cognitivo de interpretação majoritária no campo da toxicomania pode ser explicada como o resultado de ações individuais que têm como fundamento "boas razões", que podem ser compreendidas (no sentido de Weber) quando relacionadas ao contexto histórico-social e cultural no qual estão situadas. De modo particular, o autor mostra que os atores em questão só viam uma parcela determinada de toxicômanos (efeito de posição), que não apresentava suficientemente as características (dessocilização extrema e situação sanitária bastante degradada) sobre as quais se fundamenta exatamente a argumentação a favor da ascensão da metadona nos outros países, e que as teorias que eles haviam incorporado, as quais se instalaram em "quadros cognitivos" (efeito de disposição), induziam uma interpretação singular não muito favorável à política da redução de riscos. O modelo cognitivista dá maior atenção ao fato de que a "manutenção" de uma crença (neste caso, a rejeição da metadona) não diz respeito tanto à obediência cega de certas doutrinas quanto ao fato de que o ator ideal-típico tem razões *sólidas* para crer que o paradigma adotado e o dispositivo institucional nele inspirado são adaptados à população que ele trata.

O surgimento da Aids foi um acontecimento desencadeador de um fenômeno de sanitização (e medicalização, pela distribuição de medicamentos de substituição) na abordagem do problema do uso, que passa a ser cada vez mais compreendido em termos de saúde pública, mais do que em termos de violação das leis, de atentado à ordem pública, alienação mental e decadência social. Duas distinções fundamentais se fazem nesse contexto: 1) distinção entre usos que apresentam riscos variados e, particularmente, entre uso simples, abuso (DSM III) ou usos nocivos (CID-10) e dependência; 2) distinção entre as drogas: o termo "droga" perde pouco a pouco seu caráter genérico para que se focalizem as drogas de maior ou menor risco e mais ou menos perigosas para a saúde, ainda que as legislações de muitos países europeus não levem em conta essas distinções médicas e científicas. Nos dois casos, como ocorre com muitos outros assuntos (BORRAZ, 2008), o risco se tornou a unidade mediante a qual se distinguem, se hierarquizam e se classificam as drogas. O uso de drogas passou a constituir esse vasto elenco de "condutas de risco", cujos determinantes são, apesar das precauções tomadas, frequentemente apresentados como essencialmente individuais e separados do contexto social no qual se exprimem, contexto esse que pode modificar singularmente a eficácia deles (PERRETI-WATEL, 2004). Os usuários de drogas "entram na lista": nessa perspectiva, eles são concebidos como indivíduos autônomos, capazes de estimar os riscos que pesam sobre sua vida futura, à imagem do homem moderno analisado por Giddens.

Essa sanitização da abordagem das drogas, ao mesmo tempo causa e consequência da aplicação de uma política extensiva de redução dos riscos, poderia ser reforçada pelo nascimento recente da adictologia* e pela vontade política crescente de pensar (ao menos no campo sanitário) os usos de drogas ilícitas, remédios psicotrópicos, álcool e tabaco como capazes de levar a usos de risco, ou mesmo à dependência. Para uma parte cada vez maior da comunidade científica e dos especialistas, o termo genérico "adição" passou a subsumir os conceitos de alcoolismo, toxicomania e tabagismo: "adictologia", "adição" e "práticas aditivas" são, assim, os termos que hoje convém utilizar nas arenas profissionais e políticas constituídas em torno dos problemas das drogas (BERGERON, 2003). Na base desse movimento, a influência, no mercado científico e político, das explicações neurobiológicas dos fenômenos de adição: teorias que mostrariam a existência de vias neurobiológicas comuns ao conjunto das práticas aditivas. O aumento das explicações de ordem neurobiológica, que fundamentam tanto o surgimento da adictologia como disciplina-chave da oferta clínica quanto as novas orientações das políticas públicas (BERGERON, 2003), acentua, assim, a medicalização e a sanitização que evocávamos acima. Três argumentos principais podem ser adiantados para sustentar essa hipótese (BERGERON, 2006): 1) o agrupamento dos diversos produtos numa única classe, qual seja a dos produtos psicoativos que podem levar a práticas aditivas (de maior ou menor risco), é uma operação cognitiva que suprime ou dilui a espessura social e cultural que diferencia simbolicamente essas mesmas substâncias e seu consumo; 2) considerando a adição como consequência de disfunções

---

* N.T.: Estudo da adição ou adicção (dependência).

neurobiológicas crônicas (que se realizam sobre a base de uma vulnerabilidade inata ou adquirida), a pesquisa adictológica sinaliza a possível descoberta de remédios ou vacinas (como para a cocaína) como horizonte terapêutico equilibrado e desejável; 3) por fim, as políticas públicas setoriais, que priorizaram por muito tempo o aspecto curativo do tratamento terapêutico, estando voltadas principalmente aos toxicômanos declarados, se transformam em políticas que visam todos os comportamentos de consumo, do simples uso à dependência. Em outras palavras, o que outrora dizia respeito essencialmente a uma regulação moral e um controle jurídico (o abuso e o simples uso) passa a ser da jurisdição de uma política de saúde pública global. Esses três movimentos contribuem para inscrever a legitimidade das políticas públicas de controle e regulação do uso nas necessidades mais propriamente sanitárias e médicas.

Por fim, é no momento da história das políticas das drogas em que a compreensão biomédica dos determinantes de seus usos (e particularmente da dependência) parece progredir que a resposta coercitiva, em certos Estados, encontra as condições de seu maior florescimento. Como indica Pharo (2006), a adição se tornou a única doença cujas consequências são punidas (ou seja, o uso).

Conclusão

O controle dos usos e, evidentemente, do comércio de drogas, permaneceu durante muito tempo de ordem judiciária e policial, ainda que aos toxicômanos logo se tenha passado a oferecer tratamentos de diversos tipos. Progressivamente, e de modo mais evidente no último quarto do século XX, os problemas ligados às drogas passaram a ser cada vez mais definidos manifestamente em referência a uma gramática sanitária e às consequências para a saúde pública que poderiam estar associadas a elas.

Durante muito tempo, as políticas públicas pareceram se definir no quadro de lógicas e especificidades essencialmente nacionais: elas pareciam ser marcadas pelos particularismos sociais, institucionais e culturais de cada um dos Estados. Nesse sentido, Cattacin e Lucas (1999) distinguiam, na Europa, três modelos principais – distinções em parte modeladas pelos tipos de Estado-providência constituídos nos diferentes países europeus. Podemos nos perguntar hoje se a medicalização e a sanitização dos problemas das drogas não contribuíram para eliminar as diferenças mais marcantes entre países europeus. Essa progressiva aproximação entre as políticas europeias certamente deve muito ao reconhecimento crescente do caráter fundamental da redução dos riscos nas estratégias antidroga, tanto quanto à recusa de considerar a prisão como a pena que deveria sancionar o simples uso. Esses dois pontos de discordância dividiam profundamente os Estados membros há ainda dez anos, tendo se tornado hoje temas que suscitam, senão um frio consenso, ao menos discussões mais técnicas e menos exaltadas. Certamente é ainda muito cedo para afirmar que as políticas dos Estados europeus conhecem trajetórias perfeitamente convergentes; todavia, é possível legitimamente perguntar se um modelo europeu de política de drogas não está surgindo, num campo no qual a União Europeia tem poucas competências comunitárias. As capacidades determinadas das dinâmicas que presidem esse suposto processo de conver-

4. Proibição, controle e regulação 137

gência política ainda precisam ser exploradas, embora certos autores já formem algumas hipóteses sobre o papel-chave da Comissão Europeia e de algumas de suas instituições (GRANGE, 2005; BERGERON, 2005). Observaremos igualmente com interesse que as políticas europeias são diferentes das que existem nos Estados Unidos, onde, segundo alguns autores, o Estado penal teria substituído o Estado social. Aquilo que se poderia designar como "modelo da função inversa" e que pressupõe que a resposta penal aumente à medida que a oferta social declina não se aplica muito à situação europeia: ao contrário do que afirma Wacquant (1998) em relação aos Estados Unidos (e sem deixar de parafraseá-lo), o tratamento penal severo (mediante prisão, sobretudo) do simples uso de drogas passou a ser progressivamente visto, na Europa, como simbolicamente negativo, ao passo que a abordagem médica e social (portanto, pelo *welfare*) progressivamente recebeu uma conotação positiva. Todavia, se o Estado penal descrito por Wacquant (1998), esse Estado que prende em vez de tratar (ou que trata por meio da prisão), não se desenvolveu na Europa, não podemos deixar de observar o aumento das interpelações maciças por simples uso em grande número de países, as tentativas de maximização da resposta judiciária ao uso, em outros, e a permanência generalizada do princípio de proibição. Assim, é mais acertado constatar a existência de um fenômeno de *justaposição* do Estado social e do Estado penal na Europa do que levantar a hipótese de uma relação de compensação.

Esta conclusão não poderia terminar sem pontuar a existência de uma tendência em reprimir os "prejuízos à boa ordenação das relações em público" (WACQUANT, 1998):

legislações sobre as drogas, medidas de luta contra os prejuízos ao bem-estar público (sobretudo na Irlanda, Holanda, Bélgica e Grã-Bretanha), proibição de reuniões de jovens para ingerir bebida alcoólica em lugares públicos (Espanha), disposições regulamentares para definir a organização de *rave parties* e seu isolamento em espaços fechados, ou ainda tentações crescentes de controle do consumo no local de trabalho e do desenvolvimento consecutivo da utilização de testes para comprovar ingestão de substâncias químicas (CRESPIN, 2004) etc. Aí estão algumas medidas, certamente diversas, que buscam a "civilização" de condutas prejudiciais para a coletividade, sua permanência à distância do espaço partilhado ou simplesmente sua proibição (BERGERON, 2009). Não é irracional querer identificar aqui uma vontade de proteção do espaço público e da coletividade, proteção que era um dos argumentos-chave da campanha de promoção da redução dos riscos. Sem sombra de dúvidas, como também ocorre em outros casos de formação de políticas públicas, as associações de "vítimas" desses usos e usuários terão um papel mais importante na elaboração da ação pública, se semelhante tendência vier afirmar-se, como se passou na França por ocasião da votação da lei sobre os entorpecentes de 2003 (lei essa que ficou conhecida como Marilou, nome da associação criada pelos pais de uma vítima de acidente rodoviário em que o motorista de um dos automóveis havia consumido maconha – constatação a que se chegou mediante teste toxicológico). Medicalização, preocupação com a segurança sanitária e controle do espaço público: esses são os três pilares do desenvolvimento da regulação política e do controle social do uso de drogas.

CONCLUSÃO

No o final deste percurso pela literatura sociológica, podemos afirmar com maior propriedade que os usos de drogas não são apenas práticas sociais objetivas, mas também experiências subjetivas, tanto quanto objeto de intervenções de agências e mecanismos de regulação que, procurando controlá-los, contribuem para que tenham uma existência singular: os problemas relativos às drogas foram, durante muito tempo, associados aos "problemas coletivamente tratados", sobretudo à toxicomania, exclusivamente, até que a sociologia, entre outras disciplinas, descobrisse práticas múltiplas e bastante diversificadas.

Dentre essas práticas, as que visam ao controle e à interrupção espontânea de usos que são, no entanto, apresentados como compulsivos não permitem que se questionem as pretensões explicativas *exclusivas* das teorias médicas e psicológicas da dependência: se os contrastes apresentados pelos trabalhos sociológicos são sólidos, como explicar que uma estrutura psicopatológica ou um funcionamento cerebral particular possa suspender, primeiro por etapas, depois duravelmente, seu irresistível poder de inclinação dos comportamentos? A sociologia lembra aqui, com grande pertinência, que a noção de "dependência" retira, de modo ilegítimo, do imaginário social, bem como do discurso político, a capacidade que os indivíduos também têm, no fim das contas, de agir sobre si mesmos.

Todavia, não podemos deixar de apontar um paradoxo: as pesquisas estão certamente bastante desenvolvidas, tendo acumulado inúmeros conhecimentos que permitem uma compreensão melhor da experiência social do uso, de alguns de seus determinantes e das estratégias que tentam responder a ele, mas seus resultados fundamentam pouco as políticas públicas e irrigam pouco as crenças do senso comum. Com efeito, não é exagero afirmar que a sociologia contribuiu modestamente para derrubar os fundamentos de ideias duvidosas, frágeis ou simplesmente falsas (irracionalidade necessária, decadência, teoria da escalada etc.) que a opinião leiga nutre normalmente sobre as drogas e as toxicomanias. A permanência dessas crenças é em si um objeto do qual as sociologias poderiam vantajosamente tratar.

Além disso, embora se conheça melhor a experiência social do uso e da toxicomania, graças a múltiplos e ricos estudos que são da alçada de uma sociologia compreensiva (particularmente interacionista), e se alguns desses estudos (muitas vezes de orientação epidemiológica) nos conduzem a levar a sério as correlações entre o uso, a toxicomania e outras variáveis, é difícil concluir que a sociologia tenha conseguido determinar, numa teoria de conjunto, as razões do aumento do consumo e das toxicomanias nas sociedades ocidentais a partir da segunda metade do século XX. Como salienta Pharo (2006), existem pouquíssimas sociologias durkheimianas que demonstrariam a força de "correntes aditógenas" capazes de atingir certos grupos sociais e não outros, como também pouquíssimas teorias de orientação weberiana que insistiriam na existência de afinidades eletivas entre um *habitus* social ou religioso e uma prática de consumo (Pharo, 2006). No grupo de notáveis exceções figura a teoria de Ehrenberg (1992), que parece conseguir sustentar um entendimento de conjunto do fenômeno, concebendo as drogas como instrumentos que compreendem um amplo espectro de funções, do conforto psicológico ao estímulo de *performances* individuais. Há aí uma das raras tentativas de associar as razões do aumento dos usos a transformações antropológicas essenciais, ocorridas ao longo do século XX, e que perpassam a singularidade dos diferentes contextos sociais.

Além disso, a mesma teoria convida a levar em consideração a fungibilidade nascente de fronteiras até então relativamente estanques e que distinguiam nitidamente, tanto na ordem objetiva (leis, prisão, tratamento etc.) como nas mentalidades leigas, os diferentes produtos psicoativos: se certas drogas ilícitas também servem para tratar, sendo assim concebidas como automedicações para ansiedade e depressão, se certos medicamentos psicotrópicos podem servir para seu usuário se drogar ou se adaptar a um mundo de trabalho mais exigente, ou ainda, se o álcool pode desempenhar todos os tipos de função (tratar-se, dopar-se, afundar-se, ajudar a socializar-se etc.), é preciso render-se à evidência de que as fronteiras entre usos de medicamentos psicotrópicos, drogas ilícitas e substâncias psicoativas lícitas tendem a desaparecer.

Pensar todos os produtos psicoativos independentemente de seu *status* legal constitui uma ambição que as neurociências e a adictologia também alimentam; se a sociologia inicialmente se interessou pelas drogas como objeto de pesquisa na esperança de marcar a diferença entre sua análise e a das ciências médicas, hoje ela apresenta, sobre esse aspecto em particular, conclusões convergentes. Desse modo, alguns sociólogos, aludindo ao individualismo sociológico, como Pharo (2006), ou Elster e Skog (1999), convidam essas disciplinas a dialogar.

Esse convite ao diálogo é sedutor, mas um programa operacional de colaboração ainda precisa ser elaborado. Ele constitui, além do mais, o voto singular de uma sociologia particular.

Outras sociologias pretendem cultivar um olhar diferente: se a saúde pública, a epidemiologia e a adictologia tendem – apesar das precauções tomadas para prevenir tal atenção seletiva – a individualizar os riscos e concentrar-se com maior interesse naquilo que diz respeito a uma vulnerabilidade individual, sabemos, entretanto, ao fim deste percurso, o que os usuários de drogas lícitas e ilícitas (e seu tráfico) devem ao individualismo moderno, à instituição de normas coletivas de *performance* e de êxito, mas também à dominação política, à marginalização e às desigualdades sociais (BOURGOIS, 2001). Assim, a simples convocação do "social" ou do "meio" como variável independente em estudos sobre a vulnerabilidade [individual] não seria capaz de substituir uma perspectiva epidemiológica propriamente sociológica que, por si só, revela os processos políticos e sociais que também estão na base dos consumos. Sem dúvida nenhuma, os usos de substâncias psicoativas ainda merecem uma sociologia.

REFERÊNCIAS BIBLIOGRÁFICAS

ADLER, P. A. *Wheeling and Dealing:* An Ethnography of Upper-Level Drug Dealing and Smuggling Communities. Nova York: Columbia University Press, 1985.

ALBRECHT, H.-J. Les politiques de la drogue en Allemagne, construction d'un problème en movement. In: EHRENBERG, A. (org.). *Communications*: Vivre avec les drogues, n. 62, 1996, p. 47-65.

AQUATIAS, S. Cannabis: du produit aux usages. Fumeurs de haschisch dans des cités de la banlieue parisienne. *Sociétés contemporaines*, vol. 36, 1999, p. 35-66.

ARMSTRONG, D. The rise of surveillance medicine. *Sociology of Health and Illness*, vol. 17, n. 3, 1995, p. 393-404.

AUBUSSON DE CAVARLAY, B. L'usage de stupéfiants dans les filières pénales. *Psychotropes R.I.T.*, vol. 3, n. 4, 1997, p. 7-23.

_____. Du dossier de procédure aux filières pénales, l'effet d'entonnoir et le syndrome du réverbère: le cas des ILS. In: FAUGERON, C. (org.). *Les Drogues en France:* Politiques, marchés, usages. Genebra: Georg, 1999.

BACHMANN, C. & COPPEL, A. *Le Dragon domestique. Deux siècles de relations étranges entre l'Occident et la drogue.* Paris: Albin Michel, 1989.

BARRÉ, M.-D. Les liaisons statistiques entre infractions à la législation sur les stupéfiants et délinquances.

In: FAUGERON, C. (org.). *Les Drogues en France:* Politiques, marchés, usages. Genebra: Georg, 1999.

_____. *La Répression de l'usage de produits illicites: état des lieux.* Paris: CESDIP, coleção Études et données pénales, 2008.

_____; FROMENT, B. & AUBUSSON DE CAVARLAY, B. *Toxicomanie et délinquance, du bon usage de l'usager de produit illicite.* Paris: CESDIP, 1994.

BASTARD, B. & MOUHANNA, C. *Une justice dans l'urgence, le traitement en temps réel des affaires pénales.* Paris: PUF, coleção Droit et justice, 2007.

BECK, F. Dénombrer les usagers de drogues: tensions et tentations. *Génèses,* n. 58, 2005, p. 72-97.

BECKER, H. S. Becoming a marihuana user. *American Journal of Sociology,* vol. LIX, n. 3, 1953, p. 235-243.

_____. *Outsiders.* Nova York: The Free Press, 1963. Tradução francesa: *Outsiders. Études de la sociologie de la déviance.* Paris: Métaillé, 1985.

_____. History, culture and subjective experience: an exploration of the social bases of drog-induced experiences. *Journal of Health and Social Behaviour,* vol. 8, n. 3, 1967, p. 163-176.

_____. *Les Ficelles du métier:* Comment conduire sa recherche en sciences sociales. Paris: La Découverte, coleção Grands Repères/Guides, 2002.

BENNETT, T. A decision-making approach to opioid addiction. In: CORNISH, D. B. & CLARKE, R. V. (orgs.). *The Reasoning Criminal:* Rational Choice Perspectives on Offending. Nova York: Springer-Verlag, 1986.

Referências Bibliográficas

BERGERON, H. *L'État et la toxicomanie*. Histoire d'une singularité française. Paris: PUF, coleção Sociologies, 1999.

_____. *Dispositifs spécialisés "alcool" et "toxicomanie", santé publique et nouvelle politique publique des addictions*. Paris: OFDT, coleção Rapport de recherches, 2003.

_____. Europeanisation of drug policies: from objective convergence to mutual agreement. In: STEFFEN, M. (org.). *Health Governance in Europe:* Issues, Challenges and Theories. Londres: Routledge, 2005.

_____. Les politiques publiques en Europe: de l'ordre à la santé publique. In: REYNAUD, P. (org.). *Médecine et Addictions*. Issy-les-Moulineaux: Masson, 2006.

_____. De l'État pénal à l'État social en France? Quelques réflexions sur l'hyphotèse de Loïc Wacquant. In: CESONI, M.-L. & DEVRESSE, M.-S. *Criminalisation et décriminalisation en Europe:* l'usage de drogue. Louvain-La-Neuve: no prelo.

_____ & GRIFFITHS, P. Drifting towards a more common problem: epidemiology and the revolution of a European drug policy. In: HUGUES, R.; LART, R. & HIGATE, P. (orgs.). *Drugs:*Policy and Politics. Londres: Open University Press, 2006.

BERLIVET, L. Exigence scientifique et isolement institutionnel: l'essor contrarié de l'épidémiologie française dans la seconde moitié du XXe siècle. In: JORLAND, G.; OPINEL, A. & WEISZ, G. (orgs.). *Body Counts:* Medical Quantification in Historical and Sociological Perspectives. Montreal/Ithaca: McGill-Queen's University Press, 2005.

BERNAT DE CÉLIS, J. *Fallait-il créer un délit d'usage illicite de stupéfiants?* Une étude de sociologie législative. Paris: CESDIP, 1992.

BERRIDGE, V. Drogues illicites et médicaments psychotropes en Grande-Bretagne. Histoire d'une frontière incertaine. In: EHRENBERG, A. (org.). *Drogues et médicaments psychotropes*. Le trouble des frontières. Paris: Éditions Esprit, coleção "Société", 1998.

_____ & GRIFFITH, E. *Opium and the People:* Opiate Use in Nineteenth-Century England. Londres: Saint Martin's Press, 1982.

BIERNACKI, P. *Pathways From Heroin Addiction:* Recovery Without Treatment. Filadélfia: Temple University Press, 1986.

BOEKOUT VAN SOLINGE, T. *Dealing with Drugs in Europe*. An Investigation of European Drug Control Esperiences: France, the Netherlands and Sweden. Haia: Bju Legal Publishers, 2004.

BORRAZ, O. *Les Politiques du risque*. Paris: Presses de Sciences Po, coleção Gouvernances, 2008.

BOUDON, R. *L'idéologie ou l'origine des idées reçues*. Paris: Le Seuil, coleção Points, 1986.

_____. *L'Art de se persuader, des idées douteuses, fragiles ou fausses*. Paris: Fayard, 1990.

_____. Limitations of rational choice theory. *American Journal of Sociology*, vol. 4, n. 3, 1998, p. 817-828.

BOUHNIK, P. *Toxicos*. Le goût et la peine. Paris: La Découverte, coleção Alternatives sociales, 2007.

BOURGOIS, P. Une nuit dans une *shooting gallery*. Enquête sur le commerce de la drogue à East Harlem. *Actes de la recherche en sciences sociales*, n. 94, 1992, p. 59-78.

_____. *En quête de respect*. Le crack à New York. Paris: Le Seuil, coleção Liber, 2001.

BROCHU, S. *Drogue et criminalité*. Une relation complexe. Montreal: Presses de l'Université de Montréal, coleção Paramètres, 2006.

_____ & SCHNEEBERGER, P. *Drogue et délinquance:* régards sur les travaux nord-américains récents. Paris: CNRS, Groupement de recherche Psychotropes, politique et société, n. 9, 2001.

CABALERRO, F. & BISIOU, Y. *Le Droit de la drogue*. Paris: Dalloz-Sirey, coleção Précis-Droit privé, 2000.

CARDINAL, P. Dimension culturelle et historique de l'usage des psychotropes. In: BRISSON, P. (org.). *L'Usage des drogues et la toxicomanie*. Montreal: Morin Éditeur, 1998.

CASTEL, R. (org.). *Les Sorties de la toxicomanie*. Types, trajectoires, tonalités. Paris: MIRE, 1992.

_____. Une préoccupation en inflation. *Informations sociales*, n. 26, 1993, p. 87-96.

_____ & COPPEL, A. Les contrôles de la toxicomanie. In: EHRENBERG, A. (org.). *Individus sous influence*. Drogues, alcools, médicaments psychotropes. Paris: Éditions Esprit, coleção Société, 1991.

CATTACIN S. & LUCAS, B. Autorégulation, intervention étatique, mise en réseau. Les transformations de l'État social en Europe. Les cas du VIH/sida, de l'abus d'alcool et des drogues illicites. *Revue française de sciences politiques,* vol. 49, n. 3, 1999, p. 379-398.

CESONI, M.-L. *Étude comparative sur les politiques législatives en matière de prévention des toxicomanies*. Relatório destinado à Comissão Europeia. Travaux CETEL, n. 39, 1993.

CESONI, M.-L. *L'incrimination de l'usage de stupéfiants dans sept législations européennes*. Paris: CNRS, Grupo de pesquisa Psychotropes, politique et société, n. 4, 2000.

_____ & DEVRESSE, M.-S. *L'Usage de la détention de stupéfiants, entre criminalisation et décriminalisation*. CRIM-PREV-WP3. Work in Progress, 2007.

_____ & KAMINSKI, D. Les drogues ou travail. *Déviance et Société*, número especial. Genebra: Médecine et Hygiène, 2003.

CLOWARD, R. A. & OHLIN, L. E. *Delinquency and Opportunity:* A Theory of Delinquent Gang. Nova York: The Free Press of Glencoe, 1960.

COHEN, A. K. The sociology of the deviant act: anomie theory and beyond. *American Sociological Review*, vol. 30, n. 1, 1965, p. 5-14.

COHEN, P. Repenser la politique de contrôle des drogues: perspectives historiques et outils conceptuels. In: BOLLINGER, L. (org.). *De-Americanizing Drug Policy, The Search for Alternatives for Failed Repression*. Frankfurt: Peter Lang Publishers, 1963.

CONRAD, P. & SCHNEIDER, J. W. *Deviance and Medicalization*. From Badness to Sickness. Filadélfia: Temple University Press, 1992.

COOMBER, R. & SOUTH, N. (org.). *Drug Use and Cultural Context "Beyond the West":* Tradition, Change and Post-Colonialism. Londres: Free Association Books, 2004.

COPPEL, A. *Peut-on civiliser les drogues?* De la guerre à la drogue à la réduction des risques. Paris: La Découverte, coleção Alternatives sociales, 2002.

COURTWRIGHT, D. T. *Dark Paradise:* Opiate Addiction in America Before 1940. Cambridge: Harvard University Press, 1972.

_____. *Forces of the Habit:* Drugs and the Making of the Modern World. Cambridge: Harvard University Press, 2002.

CRESPIN, R. *De la prévention à la répression:* le parcours social des tests de dépistage des drogues. Une étude comparative France-États Unis. Relatório para a MILDT.

CRESSEY, D. R. & VOLKMANN, R. Differential association and the rehabilitation of drug addicts. *American Journal of Sociology*, vol. 69, n. 2, 1963, p. 129-142.

CUSSON, M. Deviance. In: BOUDON, R. (org.). *Traité de sociologie.* Paris: PUF, 1992.

_____. Le trafic de drogue. *Criminologie actuelle.* Paris: PUF, coleção Sociologies, 1998.

DERKS, J.; VAN KALMTHOUT, A. & ALBRECHT, H. J. *Current and Future Drug Policy Studies in Europe.* Friburgo: Max Planck Institute for Foreign and International Penal Law. Coleção Criminological Research Reports, 1999.

DEVRESSE, M.-S. & DUPREZ, M. (orgs.). L'évolution des usages de drogues et des politiques. De l'Europe aux Amériques. *Déviance et Société*, vol. 32, n. 3, 2008, p. 235-250.

DUBET, F. Conduites marginales des jeunes et classes sociales. *Revue française de sociologie*, vol. XXXVIII, 1987, p. 265-286.

DUDOUET, F.-X. La formation du contrôle international des drogues. *Déviance et Société*, vol. 23, n. 4, 1999, p. 395-419.

DUDOUET, F.-X. De la régulation à la répression des drogues. Une politique publique internationale. *Les Cahiers de la sécutité intérieure*, vol. 52, 2003, p. 89-112.

DUGARIN, J. & NOMINÉ, P. Toxicomanie: historique et classifications. *Confrontations psychiatriques*, n. 28, 1987, p. 9-55.

_____. De l'apparition des régimes de prohibition... Une nouvelle pathologie: la toxicomanie. *Problèmes politiques et sociaux*, n. 745, 1995, p. 9-13.

DUPREZ, D. & KOKOREFF, M. La drogue comme travail. Des carrières illicites dans les territoires de la désafiliation. In: FAUGERON, C. *Les Drogues en France: politiques, marchés, usages*. Genebra: Georg, 1999.

_____. *Les Mondes de la drogue*. Paris: Odile Jacob, 2000.

DUPREZ, D.; KOKOREFF, M. & WEINBERGER, M. *Carrières, territoires et filières pénales*. Pour une sociologie comparée des trafics de drogues (Hauts-de-Seine, Nord, Seine-Saint-Denis). IFRESI-GRASS-OFDT, 2001.

EHRENBERG, A. (org.). *Individus sous influence*. Drogues, alcools, médicaments psychotopes. Paris: Éditions Esprit, coleção Société, 1991.

_____. Les drogues, un multiplicateur d'invidualité. *Futuribles*, n. 185, 1994, p. 73-76.

_____. *L'Individu incertain*. Paris: Calmann-Lévy, coleção Essai société, 1995.

_____. *Questions croisées*. Drogues et médicaments psychotropes. Le trouble des frontières. Paris: Éditions Esprit, coleção Société, 1998.

Referências Bibliográficas

EHRENBERG, A. & MIGNON, P. *Tableau d'une diversité*. Drogues, politiques et société. Paris: Descartes, 1992.

ELSTER, J. & SKOG, O. (orgs.). *Getting Hooked*. Rationality and Addiction. Cambridge: Cambridge University Press, 1999.

ENGEL, P. *La raison addictive*. Les Nouvelles Addictions. Paris: Scali, 2007.

FAUGERON, C. & KOKOREFF, M. (orgs.). *Société avec drogues*. Enjeux et limites. Toulouse: Érès, coleção Trajets, 2002.

FAURE, O. La consommation de médicaments. Essai d'appoche historique. In: EHRENBERG, A. (org.) *Drogues et médicaments psychotropes*. Le trouble des frontières. Paris: Éditions Esprit, coleção Société, 1998.

FAVRE, P. (org.). *Sida et politique*. Les premiers affrontements (1981-1987). Paris: l'Harmattan, coleção Dossiers Sciences humaines et sociales, 1992.

FELDMAN, H. W. Ideological supports to becoming and remaining a heroin addict. *Journal of Health and Social Behavior*, vol. 9, n. 2, 1968, p. 131-139.

_____. Street status and drug users. *Society*, vol. 10, 1973, p. 32-39.

FINESTONE, H. Cats, kicks and color. *Social Problems*, vol. 5, n. 1, 1957, p. 3-13.

GARRAUD, P. Politiques nationales: élaboration de l'agenda. *L'Année sociologique*, n. 40, 1990, p. 17-41.

GORDON, R. A. & McAULIFFE, W. E. A test of Lendesmith's theory of addiction: the frequency of euphoria among long-term addicts. *American Journal of Sociology*, vol. 79, n. 4, 1974, p. 795-840.

GRANFIELD, R. & CLOUD, W. The elephant that no one sees: natural recovery among middle-class addicts. *Journal of Drug Issues*, vol. 26, n. 1, 1996, p. 45-61.

GRANGE, A. *L'Europe des drogues*. L'apprentissage de la réduction des risques aux Pays-Bas, en France et en Italie. Paris: L'Harmattan, coleção Logiques politiques, 2005.

GRUPP, S. E. A review of Addiction and Opiates by Alfred R. Lindesmith. *American Sociological Review*, vol. 34, n. 6, 1969, p. 1021-1022.

GUERRIERI, R. *Drogue et contrôle social: aspects sociologiques de la prise en charge thérapeutique des toxicomanes*. Tese de doutorado em Sociologia. Paris: Université René-Descartes-Paris-V, 1984.

HANSON, B.; BESCHNER, G.; WALTERS, J. & BOVELLE, E. *Life With Heroin*. Lexington: Lexington Books, 1985.

HERZLICH, C. *Santé et maladie, analyse d'une représentation sociale*. Paris/Haia: Mouton, 1969.

_____. Médecine moderne et quête de sens: la maladie, significant social. In: AUGÉ, M. *Le Sens du mal*. Paris: Éditions des Archives contemporaines, 1984, p. 189-215.

HERSCHI, T. On the compatibility of rational choice and social control theory of crime. In: CORNISH, D. B. & CLARKE, R. V. (orgs.). *The Reasoning Criminal*. Rational Choice Perspectives on Offending. Nova York: Springer-Verlag, 1986.

HUNT, G. & BARKER, J. C. Socio-cultural anthropology and alcool and drug research: towards a unified theory. *Social Science and Medicine*, vol. 53, 2001, p. 165-188.

HUNT, G. & EVANS, K. Dancing and drugs: a cross national perspectives. *Contemporary Drugs Problems*, vol. 30, n. 4, 2003, p. 779-814.

JAMOULLE, P. *Drogues de rue:* récits et styles de vie. Bruxelas: De Boeck Université, coleção Oxalis, 2000.

_____. Business is business. Enjeux et règles du jeu de l'économie clandestine. *Déviance et Société*, vol. 27, n. 3, 2003, p. 297-311.

JOBARD, F. & FILLIEULE, O. Les conversions politiques d'une croyance scientifique: pour un dépassement des mécanismes actuels de la prise en charge de la délinquance associée à la drogue. *Revue suisse de sciences politiques*, vol. 3, n. 4, p. 1-21.

_____. Action publique sous dépendance. Conditions et effets du changement de paradigme dans la lutte contre la delinquance associée à la drogue en Europe. *Revue française de sciences politiques*, vol. 49, n. 6, p. 803-834.

JOBERT, B. & MULLER, P. *L'État en action. Politiques publiques et corporatisme*. Paris: PUF, coleção Recherches politiques, 1987.

JOHNSON, B. D. *Marihuana Users and Drug Subcultures*. Nova York: John Wiley and Sons, 1973.

_____. Once an addict, seldom an addict. *Contemporary Drug Problems*, vol. 7, n. 1, 1978, p. 35-53.

_____; GOLDSTEIN, P.; PREBLE, E.; SCHMEIDLER, J.; LIPTON, D. S.; SPUNT, B. & MILLER, T. *Taking Care of Business:* The Economics of Crime by Heroin Abusers. Lexington: Lexington Books, 1985.

_____; WILLIAMS, T.; DEI, K. A. & SANABRIA, H. Drug abuse in inner city: impact on hard-drug users and the community. In: TONRY, M. & WILSON, J. Q. (orgs.). *Drugs and Crime*. Chicago/Londres: The University of Chicago Press, 1990.

KNIPE, E. *Culture, Society and Drugs:* The Social Science Approach to Drug Use. Prospect Heights: Waveland Press, 1995.

KOKOREFF, M. L'incertitude des politiques pénales. L'exemple du contentieux des stupéfiants. *Cahiers lillois d'économie et de sociologie*, 2001, n. 35-36, p. 185-202.

_____. Le régime prohibitionniste et ses limites face aux transformations des pratiques sociales des drogues. In: COLSON, R. (org.). *La Prohibition des drogues*. Regards croisés sur un interdit juridique. Rennes: PUR, 2005.

KOPP, P. *Économie de la drogue*. Paris: La Découverte, coleção Repères, 2006.

KÜBLER, D. *Politique de la drogue dans les villes suisses*. Entre ordre et santé. Paris: L'Harmattan, coleção Logiques politiques, 2000.

LABROUSSE, A. *La Géopolitique des drogues*. Paris: PUF, coleção Que sais-je?, 2004.

LAGRANGE, H. & MOGOUTOV, A. Un retardement de l'entrée en toxicomanie. *Déviance et société*, 1997, vol. 21, n. 3, p. 289-302.

Larousse médical. Paris: Larousse, coleção Médecine Santé, 1995.

LE BRETON, D. Les médicaments de l'humeur. *Les Nouvelles addictions*. Paris: Scali, 2007.

LE GARREC, S. *Ces ados qui "en prennent"*. Sociologie des consommations toxiques adolescentes. Toulouse: Presses universitaires du Mirail, 2002.

LEMERT, E. M. *Social Pathology.* A Systematic Approach to the Theory of Sociopathic Behavior. Nova York: McGraw-Hill, 1951.

LERT, F. & FOMBONNE, E. *La Toxicomanie, vers une évaluation de ses traitements.* Paris: La Documentation française, coleção Analyses et prospective, vol. 1, Inserm, 1989.

LINDESMITH, A. R. A sociological theory of drug addiction. *American Journal of Sociology*, vol. XLIII, n. 4, 1938, p. 593-613.

_____. *Opiate Addiction.* Bloomington: Principia, 1947.

_____ & GAGNON, J. H. Anomie and drug addiction. In: CLINARD, M. B. (org.). *Anomie and Deviant Behaviour:* A Discussion and Critique. Nova York: The Free Press of Glencoe, 1964.

MAC ALLISTER, W. B. *Drug Diplomacy in the Twentieth Century:* An International History. Londres/Nova York: Routledge, 2000.

MATHIEU, L. Repères pour une sociologie des croisades morales. *Déviance et Société*, vol. 29, n. 1, 2005, p. 3-12.

MAUGER, G. L'apparition et la diffusion de la consommation de drogue en France (1970-1980). Éléments pour une analyse sociologique. *Contradictions*, n. 40-41, 1984, p. 131-148.

MEASHAM, F.; ALDRIDGE, J. & PARKER, H. *Dancing on Drugs:* Risk, Health, Hedonism in the British Club Scene. Londres: Free Association Books, 2001.

MEASHAM, F.; NEWCOMBER, R. & PARKER, H. The normalisation of recreational drug use amongst young people in North-West England. *The British Journal of Sociology*, vol. 45, n. 2, 1994, p. 287-312.

MERTON, R. K. Social structure and anomie. *Social Theory and Social Structure.* Glencoe: The Free Press of Glencoe, 1957.

MIGNON, P. *Le Dopage:* état des lieux sociologiques. Cesames, n. 10.

MORGAN, P. Unknown, unexplored, and unseen populations: an introduction into the truly hidden worlds of drug and alcool research. *Journal of Drug Issues,* vol. 26, n. 1, 1996, p. 1-6.

MOUHANNA, C. & MATELLY, J.-H. *Police, des chiffres et des doutes.* Paris: Michalon, 2007.

MUSTO, D. *The American Disease:* Origins of Narcotic Control. New Haven: Yale University Press, 1973.

NAHOUM-GRAPPE, V. & YVOREL, J. J. Histoire et anthopologie historique. In: EHRENBERG, A. *Penser la drogue.* Paris: Descartes, 1992.

OEDT. *L'Usage illicite de stupéfiants dans l'Union européenne:* approches juridiques. Dossiê temático. Lisboa: OEDT, 2005.

_____. *Rapport annuel 2008.* État du phénomène de la drogue en Europe. Relatório anual. Luxemburgo: Office des publications officielles des Communautés européennes, 2008a.

_____. *Consommation de drogues chez les personnes âgées:* un phénomène négligé. Lisboa: OEDT, Objetifs drogue, 2008b.

OGIEN, A. Situation de la recherche sur les toxicomanies en Europe et aux États-Unis. In: EHRENBERG, A. (org.). *Penser la drogue.* Penser les drogues. Paris: Descartes, 1992.

_____. La morale du drogué. *Revue française des affaires sociales,* n. 2, 1994, p. 59-67.

_____. *Sociologie de la déviance.* Paris: Armand Colin, coleção U, 1995.

OGIEN, A. Grammaire de la drogue. In: EHRENBERG, A. (org.). *Drogues et médicaments psychotropes*. Le trouble des frontières. Paris: Éditions Esprit, coleção Société, 1998.

_____. *Sociologie de la déviance et usages de drogues*. Une contribution de la sociologie américaine. Paris: CNRS, Grupo de pesquisa Psychotropes, politique et société, n. 5, 2000.

PEARSON, G. Abus de drogue et politiques de contrôle des stupéfiants au Royaume-Uni. *Déviance et Société*, vol. 32, n. 3, 2008, p. 251-266.

PERETTI-WATEL, P. Comment devient-on fumeur de cannabis? Une perspective quantitative. *Revue française de sociologie*, vol. 42, n. 1, 2001, p. 3-30.

_____. Du recours au paradigme épidémiologique pour l'étude des conduites à risque. *Revue française de sociologie*, vol. 45, n. 1, 2004, p. 103-132.

PÉREZ-DIAZ, C. *Alcool et délinquance*. État des lieux. Paris: Cesames, 2000, n. 7.

PHARO, P. *Plaisir et intempérance:* anthropologie morale de l'addiction. Relatório de pesquisas MILDT, 2006.

_____. Naturalisme et phénoménologie dans l'explication sociologique: le cas de l'addiction. *L'Année sociologique*, vol. 57, n. 1, 2007, p. 103-125.

PINELL, P. & ZAFIROPOULOS, M. Drogues, déclassement et stratégies de disqualification. *Actes de la recherche en sciences sociales*, 1982, n. 42, p. 61-75.

POROT, A. & POROT, M. *Les Toxicomanies*. Paris: PUF, coleção Que sais-je?, 1993.

PORTER, T. *Trust in Numbers:* The Pursuit of Objectivity in Science and Public Life. Princeton: Princeton University Press, 1996.

PREBLE, E. & CASEY, J. J. Taking care of business. *International Journal of the Addictions*, vol. 4, n. 1, 1969, p. 1-24.

REINERMAN, C.; COHEN, P. & KAAL, H. The limited relevance of drug policy: cannabis in Amsterdam and in San Francisco. *American Journal of Public Health*, vol. 94, n. 5, 2004, p. 836-842.

REUBAND, K.-H. Évolution des modes de consommation des drogues et effets limités des politiques pénales: le cas de l'Allemagne. *Déviance et Société*, vol. 32, n. 3, 2008, p. 303-323.

REUTER, P.; MacCOUN, R. & MURPHY, P. *Money from Crime*. A Study of the Economics of Drug Dealing in Washington DC. Santa Monica: Rand Corporation, 1990.

ROMANI, O. & COMELES, J.-M. Les contradictions liées à l'usage des psychotropes dans les sociétés contemporaines: automédication et dépendance. *Psychotropes*, vol. X, n. 3, 1991, p. 39-57.

SANFAÇON, D.; BARCHELAT, O.; LOPEZ, D. & VALADE, C. *Drogues et dommages sociaux*. Revue de littérature internationale. Paris: OFDT, col. Focus, 2005.

SETBON, M. Drogue, facteur de délinquance? D'une image à son usage. *Revue française de sciences politiques*, vol. 45, n. 5, 1995, p. 747-774.

SIMMAT-DURANT, L. Aspects législatifs et réglementaires de l'usage et du trafic. In: JAUFFRET-ROUSTIDE, M. *et al. Les Drogues*. Approches sociologiques, écnomiques et politiques. Paris: La Documentation française, coleção Les Études, 2004.

STEPHENS, R. C. *The Street Addict Role*. A Theory of Drug Addiction. Albany: State University of New York Press, 1991.

STIMSON, G. & OPPENHEIMER, E. *Heroin Addiction*. Treatment and Control in Britain. Londres: Tavistock, 1982.

SUTHERLAND, E. & CRESSEY, D. R. *Principles of Criminology*. Filadélfia: J. B. Lippincot, 1934. Tradução francesa: *Principes de criminologie*. Paris: Cujas, 1966.

SZASZ, T. *Les Rituels de la drogue*. Paris: Éditions du lézard, 1976.

TESSIER, L. Musiques et fêtes techno: l'exception franco-britannique des *free parties*. *Revue française de sociologie*, vol. 44, n. 1, 2003, p. 63-91.

THAM, H. Drug control as a national project: the case of Sweden. *The Journal of Drug Issues*, vol. 25, n. 1, 1995, p. 113-128.

WACQUANT, L. L'ascension de l'État pénal en Amérique. *Actes de la recherche en sciences sociales*, n. 124, 1998, p. 7-26.

WALDORF, D. & BIERNACKI, P. Natural recovery from opiate addiction: some preliminary findings. *Journal of Drug Issues*, vol. 11, 1981, p. 61-74.

WARE, N. C.; WYATT, M. A. & TUGENBERG, T. Adherence stereotyping and unequal HIV treatment for active users of illegal drugs. *Social Science and Medicine*, vol. 61, n. 3, 2005, p. 565-576.

WILLIAMS, T. *The Cocaine Kids*. Nova York: Addison-Wesley, 1989.

YVOREL, J.-J. Naissance de la cure. *Autrement*, n. 106, 1989.

_____. *Les Poisons de l'esprit*. Dogues et drogués au XIX siècle. Paris: Quai Voltaire, 1992a.

_____. Les mots pour le dire. Naissance du concept de toxicomanie. *Psychotropes*, vol. VII, n. 2, 1992b, p. 13-19.

ZIMMERMAN, D. & WIEDER, L. You can't help it but get stoned. Notes on the social organization of marijuana smocking. *Social Problems*, vol. 25, n. 2, 1977, p. 198-207.

ZINBERG, N. *Drug, Set and Setting:* The Social Bases of Controlled Drug Use. New Haven: Yale University Press, 1974.

Impressão e acabamento
GRÁFICA E EDITORA SANTUÁRIO
Em Sistema CTcP
Capa: Supremo 250g
Miolo: Chamois 80g
Rua Pe. Claro Monteiro, 342
Fone 012 3104-2000 / Fax 012 3104-2036
12570-000 Aparecida-SP